BIBLIOTHÈQUE DE L'HISTOIRE DU DROIT ET DES INSTITUTIONS

LE DROIT INTERNATIONAL

LA GUERRE

PAR

SIR HENRY SUMNER MAINE

GRAND-MAÎTRE DU COLLÈGE DE TRINITY-HALL (UNIVERSITÉ DE CAMBRIDGE)
MEMBRE DE LA SOCIÉTÉ ROYALE DE LONDRES
ASSOCIÉ ÉTRANGER DE L'INSTITUT DE FRANCE

TRADUIT DE L'ANGLAIS AVEC AUTORISATION DES ÉDITEURS

PARIS
ERNEST THORIN, ÉDITEUR

LIBRAIRE DU COLLÈGE DE FRANCE, DE L'ÉCOLE NORMALE SUPÉRIEURE
DES ÉCOLES FRANÇAISES D'ATHÈNES ET DE ROME
DE LA SOCIÉTÉ DES ÉTUDES HISTORIQUES

BIBLIOTHÈQUE DE L'HISTOIRE DU DROIT ET DES INSTITUTIONS

6

LE

DROIT INTERNATIONAL

LA GUERRE

PAR

SIR HENRY SUMNER MAINE

EN VENTE

Chez Ernest THORIN, éditeur

BIBLIOTHÈQUE DE L'HISTOIRE DU DROIT ET DES INSTITUTIONS

Tome I : **ÉTUDES SUR L'HISTOIRE DES INSTITUTIONS PRIMITIVES**, par Sir Henry Sumner Maine. Traduit de l'anglais, avec une préface, par M. Jos. Durieu de Leyritz, avocat, et précédé d'une introduction par M. H. d'Arbois de Jubainville, de l'Institut, professeur au Collège de France. 1880. 1 beau vol. in-8°. 10 »

Tome II : **ÉTUDES SUR L'ANCIEN DROIT ET LA COUTUME PRIMITIVE**, par Sir Henry Sumner Maine, grand-maître du Collège de Trinity-Hall (Université de Cambridge), membre de la Société royale de Londres, associé étranger de l'Institut de France. Traduit de l'anglais avec l'autorisation de l'auteur. 1884. 1 vol. in-8°. 10 »

Tome III : **ÉTUDES SUR LES MŒURS RELIGIEUSES ET SOCIALES DE L'EXTRÊME-ORIENT**, par Sir Alfred Lyall, lieutenant-gouverneur des provinces du Nord-Ouest (Inde). Traduit de l'anglais avec l'autorisation de l'auteur. 1885. 1 vol in-8°. 12 »

Tome IV : **ESSAIS SUR LE GOUVERNEMENT POPULAIRE**, par Sir Henry Sumner Maine, grand-maître du Collège de Trinity-Hall (Université de Cambridge), membre de la Société royale de Londres, associé étranger de l'Institut de France. Traduit de l'anglais avec l'autorisation de l'auteur. 1887. 1 vol. in-8°. 7 50

Tome V : **ÉTUDES SUR L'HISTOIRE DU DROIT**, par Sir Henry Sumner Maine, grand-maître du collège de Trinity-Hall (Université de Cambridge), membre de la Société royale de Londres, associé étranger de l'Institut de France. Traduit de l'anglais avec autorisation de l'auteur. 1889. 1 vol. in-8°. 12 »

Tome VI : **ÉTUDES SUR LE DROIT INTERNATIONAL. — LA GUERRE**, par Sir Henry Sumner Maine, grand-maître du collège de Trinity-Hall (Université de Cambridge), membre de la Société royale de Londres, associé étranger de l'Institut de France. Traduit de l'anglais avec autorisation des éditeurs. 1890. 1 vol. in-8°. 7 50

TOULOUSE. — IMP. A. CHAUVIN ET FILS, RUE DES SALENQUES, 28.

LE
DROIT INTERNATIONAL

LA GUERRE

PAR

SIR HENRY SUMNER MAINE

GRAND-MAÎTRE DU COLLÈGE DE TRINITY-HALL (UNIVERSITÉ DE CAMBRIDGE
MEMBRE DE LA SOCIÉTÉ ROYALE DE LONDRES
ASSOCIÉ ÉTRANGER DE L'INSTITUT DE FRANCE

TRADUIT DE L'ANGLAIS AVEC AUTORISATION DES ÉDITEURS

PARIS
ERNEST THORIN, ÉDITEUR
LIBRAIRE DU COLLÈGE DE FRANCE, DE L'ÉCOLE NORMALE SUPÉRIEURE
DES ÉCOLES FRANÇAISES D'ATHÈNES ET DE ROME
DE LA SOCIÉTÉ DES ÉTUDES HISTORIQUES
7, RUE DE MÉDICIS, 7

1890

AVERTISSEMENT DU TRADUCTEUR

Ce volume de traduction suit d'aussi près que possible le texte anglais. Mais l'auteur, surpris par la mort avant l'établissement définitif de son œuvre, avait laissé dans le travail de premier jet, dont on va prendre connaissance, des négligences insignifiantes que ses éditeurs ont eu la sagesse de pieusement respecter. Le traducteur ne s'est pas cru lié par les mêmes scrupules, alors que, de par la nature de sa tâche, il était obligé déjà de remanier quelque peu la phrase anglaise pour lui donner forme idiomatique en notre langue. — Des indications bibliographiques ont été ajoutées en note, sous sa responsabilité personnelle; elles sont marquées par des crochets. — M. Frederic Harrison, l'un des éditeurs, a eu l'extrême patience de revoir les épreuves de la traduction : le traducteur est heureux de lui offrir ici l'expression de son entière gratitude.

Octobre 1889.

Sir Henry MAINE

ET

SON ŒUVRE (1)

Sir Henry Maine était mon prédécesseur dans la chaire que l'Université d'Oxford a bien voulu me confier ; il en a été le premier titulaire ; le programme qu'on lui avait tracé semblait calculé pour laisser à l'originalité de son génie libre carrière dans les voies de recherches qu'il avait lui-même frayées. Ceci m'impose, ainsi qu'à tous ceux qui monteront après moi dans cette chaire, le devoir assurément peu facile, mais d'autant plus flatteur, de travailler selon les forces de

(1) [Conférence de Sir Frederick Pollock, Professeur de Droit comparé à l'Université d'Oxford, le 10 novembre 1888, publiée dans la *Contemporary Review* de février 1889, et traduite avec la gracieuse autorisation de l'auteur.]

notre intelligence en pleine conformité d'esprit avec l'illustre maître que nous avons perdu cette année. La tâche ne s'épuisera pas de sitôt. Pendant bien des années encore, de nouvelles découvertes et de nouvelles conquêtes se feront dans les régions dont Maine nous a montré le chemin. Ne fût-ce que pour ce motif, il serait déjà naturel et convenable de dire en quelques mots, à cette place et à cette heure (bien que l'heure ne soit pas encore venue pour un jugement définitif), tout ce que nous devons à Sir H. Maine. Mais il me faut aussi parler de celui qui était pour moi plus qu'un prédécesseur, plus qu'un maître ; de celui chez qui j'avais, en cherchant un guide, trouvé mieux qu'un guide, — un ami. En ce monde, on récolte aisément une abondance de conseils ; il faut qu'un jeune homme soit singulièrement dépourvu d'adresse ou de chance pour souffrir de leur disette. Mais il est quelque chose d'infiniment plus rare, — je veux dire, l'intérêt et la sympathie qui transfigurent l'avis d'un homme âgé, et qui, d'un conseil donné par bienveillance pure, d'une direction plus ou moins profitable, font naître une force vitale, une force motrice pour l'esprit. Je ne sais pas de dette plus sacrée ; je ne sais rien qui, sans amoindrir aucunement le respect, ajoute mieux aux relations de maître à disciple le charme qui caractérise l'amitié des égaux.

Je me sens donc attaché par des obligations nombreuses à la mémoire du maître auquel je consacre ces quelques instants. Et ce n'est point dans l'intention de graver un souvenir ni de propager une réputation qui sont amplement assurés de l'avenir que je les lui consacre, mais pour rappeler l'exemple qu'il nous laisse à nous-mêmes, pour ne pas manquer à un devoir aussi pieux qu'honorable. Il n'est pas nécessaire à ce propos, il ne serait même pas possible, d'apprécier tout au long, la carrière et les services publics de Sir Henry Maine. Ceux qui connaissent intimement son œuvre peuvent seuls en mesurer la valeur. Il convient plutôt de borner ici notre témoignage à ce que nous savons personnellement, à ce qui concerne directement nos études. Mais ces études, j'ose le dire, ne se limitent pas uniquement aux questions de Droit ou d'Histoire. Nous voyons au contraire, ici, une admirable preuve des liens qui rattachent positivement les Universités à la vie générale du pays, une marque des rapports intimes qui subsistent entre leur influence la plus effective et les branches de leur programme qui passent pour le plus dénuées de sens pratique. Ce ne serait pas trop d'affirmer que l'Angleterre et l'Inde, — si tant est que la raison de l'homme puisse remonter, en pareille matière, des effets aux causes, — doivent Sir Henry Maine à l'Université de Cambridge. On ne saurait douter qu'avec n'importe quelle éducation, ou même sans aucune éducation régulière, il eût produit un jour, sous une forme ou sous une autre, une œuvre capable d'échapper à l'oubli. Mais ce fut Cambridge, et Cambridge seule, qui le mit réellement en lumière, et qui l'établit à portée d'occasions dignes de ses talents. Il débutait dans la vie sans privilèges de naissance, de fortune, ni de relations. Il entra à l'Université tout à fait inconnu. Quand il en sortit, il marquait parmi les plus brillants érudits de son âge. Il y revint passer les dix dernières années de sa vie, dans un poste éminent par le rang et l'autorité, — la grande maîtrise de Trinity-Hall, où il avait autrefois été professeur, — poste auquel il fut élevé par une sorte d'acclamation, comme le seul homme dont la présence y surmonterait toutes les difficultés. Maine eût été singulièrement dépourvu du sentiment humain de l'affection, s'il n'avait aimé profondément Cambridge; il eût été singulièrement au-dessus de l'habituelle partialité de nos affections, s'il avait appris à aimer aussi profondément Oxford. Il ne pouvait affecter de sentir un attachement qu'il n'éprouvait pas en toute sécurité; c'était, dans son cas ou jamais, qu'un attachement plus ou moins exclusif à son Université d'origine devait paraître naturel et presque inévitable. Ce fut à Cambridge, et grâce à Cambridge, qu'il recueillit en même temps que les premiers lauriers de sa jeune gloire, le fruit de ces amitiés qui durent toute la vie, et sans lesquelles la gloire serait d'un poids bien léger.

Il n'est pas inutile de rappeler que ceci se passait avant l'ère des réformes dans la constitution des Universités, avant la première des Commissions universitaires. Maine vécut assez longtemps pour voir se développer au large l'activité, la liberté, l'action salutaire des Universités. Mais, anciennement déjà, ces institutions savaient discerner et favoriser le mérite qui n'aurait pu, sans elles, se trouver en évidence que par un heureux accident. N'oublions pas, non plus, que les distinctions académiques de Maine ne se cantonnaient point dans une étroite spécialité. Il avait pris ses degrés dans les Arts, avant de se tourner vers le département qu'il fit ensuite son domaine. Non seulement il était humaniste avant d'être juriste, mais il n'a jamais cessé d'être humaniste. Ici se dévoile en partie, j'ose le croire, le secret de sa méthode. La valeur traditionnelle de notre programme d'études classiques, pour les gens qui ne savent pas en profiter jusqu'à devenir des lettrés accomplis, peut prêter et prête en effet à discussion. Dans le cas de ceux qui savent en tirer bénéfice comme Maine, je n'estime pas que la discussion soit possible. Il n'a jamais fait montre d'érudition pendant le reste de sa vie. Une citation grecque lui était aussi naturelle et facile qu'une citation française, lorsque le grec se trouvait justement le servir à point; mais il ne s'écartait jamais de sa route pour le chercher. Comme il avait, d'ailleurs, à sa disposition d'immenses et superbes domaines littéraires, il prélevait en échange de ses services une sorte de péage; mais il n'y levait point de tribut nominal par manière d'ostentation. On remarque très peu d'ornements étrangers dans ses livres; et, pourtant, rien ne sortait de sa main qui ne fût manifestement l'œuvre d'un lettré fini. Les « Communautés de Village, » l' « Ancien Droit et la Coutume primitive » semblent assez loin des excellents vers grecs insérés par Maine dans les *Arundines Cami*. Cependant, de même que l'on pourrait admirer ces vers, — et que peut-être encore on les admire parfois, — comme des modèles artistiques d'une transfusion de pensée et de style, versés d'une langue dans une autre, ses travaux ultérieurs et plus solides sont également des modèles de l'art — plus difficile au fond, — de revêtir sans effort apparent, d'une forme à la fois précise et lucide, les plus hautes généralisations auxquelles on arrive à force de recherches. Pour tout dire, ce sont des livres classiques en leur genre; et, par suite, ils ne perdront guère, si tant est qu'ils perdent rien, de leur rang ni de leur valeur devant les changements que le savoir de la postérité pourrait introduire dans les propositions spécifiques qu'ils expriment ou conjecturent. Tout livre qui lui-même représente une œuvre d'art, finira par survivre à nombre de volumes plus récents et mieux informés, qui ne sont que des boutiques de renseignements. Dans les facultés qui réclament un mécanisme particulier de savoir, des habitudes spéciales d'intelligence, un vocabulaire propre non moins répugnant qu'étrange pour le véritable homme de lettres, nous sommes trop souvent tentés de laisser dans l'oubli les Humanités. Il est même des gens qui nous conseilleraient de les abandonner franchement en route. Nous pouvons remercier Maine d'avoir rendu ce témoignage que les Humanités sont une force vivante ; et la sagesse des anciens se trouve justifiée par ses enfants, jusqu'au sein des peuples étrangers. En tout cas, ici même, nous ne saurions oublier le mot adressé par Maine à notre Université sœur, — mot d'autant plus remarquable par l'ampleur et l'audace que l'orateur se montrait plus réservé d'ordinaire : « A part les » forces aveugles de la nature, rien ne se meut » dans le monde qui ne soit d'origine grecque (1). »

Un auteur qui travaille la matière scientifique avec le souci d'un artiste, et qui ne veut rien publier avant de l'avoir achevé comme œuvre d'art, ne doit vraisemblablement pas laisser une

(1) *Rede Lecture* de 1865. — Cf. *Etudes sur l'Histoire du Droit*, Paris, Thorin, 1889, p. 313.

œuvre volumineuse. Lorsque, en outre, il accepte comme Maine de servir activement dans l'Administration publique pendant les meilleures années de sa vie, nous devons encore moins nous attendre de sa part à un grand étalage de production littéraire. Un seul rayon de bibliothèque, et même un rayon bien court, pourra facilement contenir toutes les pages auxquelles Sir Henry Maine aura mis son nom (1). Mais dans ces quelques volumes, il ne reste rien d'éphémère, rien qui ne soit, en quelque manière, un modèle de style, de méthode, d'exposition. Il était inévitable que les ouvrages de Maine servissent à la longue de manuels ; mais quiconque les veut prendre simplement à titre de manuels se condamne à perdre la meilleure moitié de leur valeur. Ainsi, l'« Ancien Droit » garde une importance permanente comme type capital de cette méthode comparative aujourd'hui si familière à la génération présente. Ses principaux exemples sont empruntés, et pour d'excellentes raisons, à l'histoire du Droit romain. Maine, dans sa façon de présenter la marche de cette histoire, suivait les meilleures autorités de l'époque, — toujours avec des raisons excellentes. Car, alors même que par goût et par inclination, il eût été porté à combattre dans le détail

(1) Six volumes, y compris le Cours de *Droit International*, professé durant l'automne de 1887, et publié après sa mort.

les idées admises, il n'aurait cependant pu s'y risquer sans faire de son livre une monographie critique des problèmes qu'offre l'histoire du Droit romain, ce qui allait expressément à l'encontre de ses désirs. Mais, de tant d'inductions ou d'hypothèses historiques, il n'en est guère qui nous paraissent tout aussi probables aujourd'hui qu'elles le semblaient en 1861. Il en est même qui paraissent décidément invraisemblables. Et l'on pourrait ajouter, avec confiance, qu'une ou deux sont définitivement anéanties par la preuve contraire. Pourtant, l'étudiant qui s'imaginerait n'avoir rien à tirer des dissertations de Maine, — sur l'histoire primitive du Contrat, par exemple, — commettrait une erreur plus dangereuse que celui qui lirait la dissertation et négligerait de s'assurer que ses éléments méritent encore créance. L'erreur serait, dis-je, plus dangereuse, parce que les négligences ou les méprises en matière d'information peuvent se corriger à tout moment, tandis que la discipline à laquelle on arrive en suivant pas à pas la méthode des grands maîtres doit s'acquérir pendant que l'esprit garde encore sa plasticité; mais si l'on néglige alors de s'y plier, il est rare que l'on puisse se la procurer plus tard dans la vie. Aux yeux de Maine, qui entreprit son œuvre à l'ombre imposante et présente encore de Savigny, — aux yeux de Maine, qui aurait pu rencontrer Savigny de son vivant, —

les déductions historiques, par lesquelles Savigny faisait remonter le Contrat verbal des Romains à une forme archaïque d'Acquisition romaine, devaient sembler concluantes. Depuis lors s'est écoulée presque toute une génération de travail soutenu, de discussions minutieuses ; et l'opinion régnante incline à chercher sur un terrain tout différent l'origine de la Stipulation. Mais ceci n'affecte aucunement l'intérêt général du phénomène dont Henry Maine se préoccupait, et pour lequel l'origine de la Stipulation romaine, quelle que soit la vraie solution, est d'une portée bien supérieure à son importance technique : savoir, la lenteur avec laquelle s'est partout développée notre conception moderne du Contrat, — autrement dit, le droit et le devoir du magistrat civil d'obliger à l'accomplissement des promesses échangées entre citoyens de l'Etat. Et l'on ne découvrira la solution finale, si vraiment on la doit découvrir, qu'en se servant des instruments que nous a légués Maine.

Il n'y a rien là qui diminue l'intérêt ou l'avantage d'étudier la méthode de Maine, — sa manière simple à première vue, mais au fond si subtile, d'établir des analogies entre des faits très éloignés dans le temps et dans l'espace ; sa faculté de saisir les points saillants au milieu d'une masse de détails ; puis les coups fermes, rapides, — non moins sûrs, en dépit de son apparente liberté et de son aisance de main, — avec lesquels il achève son édifice. C'est ainsi qu'il nous ressuscite l'homme à l'aurore de sa vie politique, dans la fidèle image, non seulement de ses mœurs et de ses coutumes, mais de son travail et de ses luttes internes, de ses perplexités et de ses superstitions, de ses échappatoires et de ses compromis. Maine ne saurait vieillir à raison de l'industrie et de l'ingéniosité des érudits contemporains, pas plus que Montesquieu n'a vieilli du fait de la législation napoléonienne. Les faits se laisseront corriger; l'ordre et la proportion des idées se modifieront; de nouvelles difficultés feront appel à de nouveaux moyens de solution; des connaissances précieuses serviront à leur heure et tomberont à leur tour dans l'oubli. Mais peut-être est-ce la marque du véritable génie que toujours on y retrouve la touche de l'art. Or, le génie de Maine n'avait pas subi l'attouchement pur et simple de l'art : il était éminemment artiste, et l'art est immortel. Nous continuons d'observer des yeux, et surtout en esprit, les mêmes astres qu'observaient Job et Ulysse, — les Pléiades et le Baudrier d'Orion, « l'Ourse que les hommes ont surnommé le Charriot, qui tourne sur elle-même comme pour surveiller Orion, et qui seule échappe au plongeon dans l'Océan. » — Certes, nous ne croyons plus qu'Orion plonge dans le fleuve du monde, par delà lequel le monde n'est plus; nous ne nous figurons plus le Dieu belliqueux d'Israël siégeant au-dessus de la voûte céleste et comptant les trésors de sa grêle. Mais le livre de Job survit à maint système de l'univers, à nombre de divinités exilées, « apparitions des dieux qui ne sont plus (1). » Le chant des astres de l'aube reste éternellement jeune, aussi bien dans les vers de Gœthe et dans les visions de Blake que dans les vieilles phrases de ce prédécesseur d'Eschyle et de Dante, dont le séjour et le nom sont pour nous un mystère. Homère survit à toutes les révolutions de la tactique; on le verra, probablement, survivre à l'emploi de la poudre. Mais aucun changement n'a pu diminuer la force ou la vérité du contraste qu'établit Homère entre la marche en rangs silencieux des Achéens disciplinés et la charge bruyante de la foule asiatique. Oui, de toutes les choses que façonne la main de l'homme, l'art est assurément la plus divine, la plus immortelle :

οἴη δ' ἄμμορός ἐστι λοετρῶν ὠκεανοῖο.

Immuables comme les constellations mêmes, le premier poème de spéculation et le premier poème d'aventure rayonnent vers nous à travers les âges ; ils rayonneront vers nos enfants tant que

(1) [Leconte de Lisle. — « La paix des Dieux », *Revue des Deux-Mondes,* 15 octobre 1888.]

les étoiles brilleront sur la terre, et tant que les hommes habiteront la terre pour donner des noms aux étoiles.

Et c'est en vertu de ce privilège, — de par la seule vertu de ce privilège, en quelque sorte, — que j'ose réclamer l'immortalité pour l'œuvre de mon maître. On écrira des livres qui contiendront un plus grand déploiement de science; peut-être même écrira-t-on des livres plus savants. Les Douze Tables se laisseront indéfiniment reconstruire; mais l' « Ancien Droit » ne dépend point de telle ou telle restitution particulière des Douze Tables; et, — si je ne me trompe bien malheureusement, — il survivra sans peine à plus d'une de ces restitutions.

Dans le caractère des travaux de Maine, on relève certaines particularités qui s'expliquent vraisemblablement par un sens exquis et permanent de la forme artistique. L'auteur répugnait à refondre ce qu'il avait une fois publié; et l'« Ancien Droit » demeure aujourd'hui tel qu'il fut écrit dès l'abord, avec tout au plus un mot d'avertissement général au lecteur. Lorsque Maine souhaitait développer ou modifier quelque idée particulière, il en trouvait toujours l'occasion. Il gardait une extrême aversion pour les polémiques directes, et se laissait rarement entraîner dans une discussion qui dût y aboutir. On peut aussi constater, surtout dans ses premiers écrits, un manque de références spécifiques et autre appareil critique qui ne doit guère être l'effet d'un accident. On accordera que, parfois, il pousse cette négligence au point de la rendre gênante; mais on n'en doit pas moins reconnaître aussi qu'un livre cesse d'appartenir au domaine de la littérature et devient un instrument de laboratoire, un simple outil de science ou d'érudition, lorsqu'il se surcharge de notes, d'extraits, de dissertations accessoires. Maine avait pris le parti, si je puis emprunter ici l'éloge que Bentham décerne à Blackstone, de faire parler à sa science le langage d'un lettré doublé d'un homme du monde. Il n'eût jamais voulu compromettre la distinction littéraire de son œuvre, pour épargner un léger embarras à la petite minorité des lecteurs critiques. C'est dans le même sens, probablement, que l'on doit expliquer son refus de se prêter à une revision sérieuse des éditions nouvelles. Il devait se rendre compte que, sur plus d'un point, la seule alternative était de laisser intacte son œuvre primitive, ou de la récrire en entier. Il aura parfaitement senti que récrire des chapitres ou des paragraphes offrait plus de chance de détériorer un ensemble original et artistique que de le transformer, après retouches, en expression adéquate de ses dernières pensées. D'ailleurs, effectuer ainsi des corrections périodiques, c'eût été provoquer ce genre de critique minutieuse pour laquelle il éprouvait une répulsion constitutionnelle.

Il existe un type bien connu de tempérament artistique, aux yeux de qui l'œuvre lancée définitivement dans le monde cesse, en quelque sorte, d'offrir de l'intérêt. Elle n'appartient plus à la vie de l'auteur; elle est abandonnée au public, et le public peut l'accepter comme bon lui semble. Quant à l'auteur, le temps est arrivé pour lui d'entreprendre autre chose. Je ne dirai pas que Maine envisageât tout à fait ses livres sous cet aspect; mais j'estime que son activité était de l'ordre qui regarde en avant plutôt qu'en arrière, et qui cherche dans des occasions nouvelles de nouveaux modes d'expression.

Jusqu'ici, j'ai parlé de l'œuvre de Maine au point de vue de la forme plutôt que du fond. L'heure n'est pas encore venue d'estimer à leur pleine valeur les dons qu'il aura légués, non seulement à la jurisprudence, mais à l'histoire et à la politique. De son vivant, toutefois, la preuve éclatait déjà qu'il exerçait le genre d'influence qui est peut-être le plus solide gage de succès dans les généralisations poursuivies sur une vaste échelle, — l'influence qui dirige de nouvelles recherches suivant des aperçus dont l'expérience prouve la justesse. Le langage de Sir Alfred Lyall ne laisse aucun doute sur ce point.

« La remarquable clairvoyance de Sir Henry » Maine pour creuser le sens réel et rétablir la

» connexité de coutumes archaïques si étrangè-
» res à nos idées modernes qu'elles nous semblent
» d'ordinaire incompréhensibles, — puis, ses gé-
» néralisations lumineuses à l'aide des matériaux
» épars sur cet obscur champ d'enquête, — ont
» grandement influencé, dans l'Inde, les recher-
» ches locales. Il trace la carte du terrain, jalonne
» la ligne suivant laquelle on pénétrera dans ces
» questions aussi difficiles qu'enchevêtrées ; et les
» travailleurs n'ont ensuite qu'à vérifier constam-
» ment la précision extraordinaire de leur Ingé-
» nieur en Chef, dans la rapidité de ses aligne-
» ments (1). »

Je ne sache point que les partisans des récentes théories sur la société primitive puissent se flatter jusqu'ici de quelque vérification semblable. Toutefois, je ne m'inquiète point de discuter, en ce moment, aucune des hypothèses que l'on édifie par manière d'opposition plus ou moins flagrante avec les opinions et la méthode de Maine. Je m'abstiens délibérément de citer aucun nom. Maine observait d'ailleurs qu'il n'existait pas d'antagonisme nécessaire, dans des limites suffisamment espacées, entre son œuvre propre et tel ou tel résultat défini, obtenu par d'autres chercheurs.

Pour l'instant, nous pouvons au moins dire,

(1) *Etudes sur les Mœurs Religieuses et Sociales de l'Extrême-Orient*, Paris, Thorin, 1885, p. 450.

en ce qui touche notre science du Droit, que l'impulsion communiquée par Maine à son étude intelligente, en Angleterre et en Amérique, ne saurait guère être surfaite. La mémoire des vivants se rappelle encore que l'on traitait la *Common Law*, la Coutume d'Angleterre, comme un système purement dogmatique, absolument technique. On regardait, au mieux aller, comme un ornement oiseux, toute explication historique qui s'échappait au delà des dates ou des faits manifestement indispensables; et l'on acceptait toutes les singularités, toutes les anomalies, telles quelles, sans leur chercher aucune raison d'être, ou, plus souvent encore, sous le couvert d'une raison mauvaise. C'était une tentative inouïe de vouloir montrer qu'elles étaient nées du développement naturel des conceptions juridiques. On imaginait qu'un sens moral d'une pureté supérieure s'était combiné, chez les auteurs de ce Droit, avec une intelligence éminemment logique, avec une intuition presque infaillible des convenances journalières. Puis, sur cette conjecture plus que douteuse, on échafaudait, avec un aimable optimisme, des phrases qui n'avaient pas grand'peine à passer pour des réflexions philosophiques. Sans doute, l'école analytique, — ainsi que nous avons appris de Maine à la nommer, — aura contribué, dans une certaine mesure, à l'éveil des esprits. Mais l'analyse des idées politiques et juridiques, sous leur forme la plus récente, ne pouvait aboutir à l'explication rationnelle d'aucun système vraiment historique. Elle n'a eu pour résultat immédiat qu'une critique impitoyable et véhémente. Ceci même aura rendu bon service en son temps. La critique a brisé les préjugés, dissipé les illusions qui faisaient obstacle aux améliorations nécessaires. Mais l'étude scientifique des phénomènes légaux, tels que nous les rencontrons dans la réalité, n'avait point de place chez nous. A tout le moins, il n'y avait point de place réservée pour une étude qui se distinguât, sous ce rapport, de la logique technique relative à tel ou tel système, d'une part, — et de la classification des abstractions juridiques que l'on supposait communes à tous les systèmes, d'autre part. Maine non seulement démontra la possibilité de cette étude, mais il prouva qu'elle n'était ni moins intéressante ni moins fructueuse qu'aucune de celles qui composent en somme l'ordre des sciences morales. D'un seul coup magistral, il forgea un lien nouveau et durable entre le Droit, l'Histoire et l'Anthropologie. La Jurisprudence même devint l'étude de la société humaine aux nombreux stages que celle-ci parcourt dans le développement de son existence; et il n'est plus possible de traiter le Droit comme un simple recueil de règles imposées aux sociétés en quelque sorte par accident, non plus qu'il n'est permis de regarder comme casuelles les ressemblances et différences des lois qui appartiennent aux sociétés diverses.

Maine nous a donné d'ailleurs un à-compte, un simple à-compte, de l'application de sa méthode aux problèmes de la politique moderne. Je ne veux pas essayer, à ce propos, de confirmer ou d'atténuer les vues assez sombres qu'il expose dans son « Gouvernement Populaire » au sujet des tendances politiques de notre âge. J'estime, depuis longtemps, que la nuance générale des appréciations individuelles sur les objets d'un intérêt capital pour l'humanité, — le caractère de nos concitoyens, les affaires du pays, la nature de l'homme et ses rapports avec l'Univers, — dépendent bien plus du tempérament que de l'intelligence. Il n'est pas nécessaire de laisser beaucoup de marge au terrain discutable, pour mettre deux penseurs à même de tirer, sans violence manifeste à l'évidence ou à la logique des faits, des conclusions optimistes chez l'un et pessimistes chez l'autre. Le tempérament de Sir Henry Maine n'était pas enthousiaste ou confiant de nature ; et ses succès personnels ne le portèrent pas davantage à la confiance. Personne, néanmoins, ne lira le « Gouvernement Populaire » sans y rencontrer nombre de topiques familiers, envisagés sous un jour qui leur communique une valeur nouvelle et frappante pour les gens réfléchis. Le livre est si loin de représenter une œuvre de parti, que son détachement des préjugés et des associations habituelles à l'esprit du gouvernement de parti, en Angleterre, semble positivement effrayante. Un écrivain qui non seulement fait ressortir l'absence de lien nécessaire entre le gouvernement populaire et le progrès matériel ou moral, mais qui découvre, en outre, dans la domination sans frein de la majorité, le danger très grave de stagnation, cet écrivain ne rentre point dans les divisions ordinaires des partis. Il n'y a rien de neuf à prévenir un libéral qu'il deviendra tory une fois en place. Mais soutenir à Demos lui-même qu'il a, sans s'en apercevoir, de quoi devenir un tory pire que tous les tories du monde, voilà qui ne conviendra guère aux politiciens actifs de l'un ou l'autre bord. Ce sont là des choses qui ne peuvent être dites que par quelqu'un vivant, comme Maine, dans la sphère de la politique, sans en faire partie. Et pour que leur constatation puisse rendre service, il n'est pas indispensable que la thèse soit absolument exacte ni qu'elle renferme toute la vérité. Il suffit qu'elle contienne des éléments de vérité salutaires qui courraient autrement le risque d'être négligés. Au surplus, Maine n'écrivait point pour professer sa foi en telle ou telle forme spéciale de gouvernement, mais pour témoigner qu'il ne croyait à l'infaillibilité d'aucune forme; et c'est ainsi qu'il pronostiquait à ses compatriotes les infirmités susceptibles d'attaquer la forme dont ils lui semblaient le plus portés à s'engouer sans discernement. S'il avait écrit pour les Français sous la Présidence du maréchal de Mac-Mahon, il eût été tout aussi prompt à leur signaler le danger d'acquiescer à une restauration monarchique. — Je n'ai pas besoin d'ajouter que l'acquiescement à une chose dont on ne se soucie point, peut être absolument dépourvu de critique en dépit de la répugnance qu'on éprouve, et que, faute de critique intelligente, la résistance peut devenir impuissante ou même pire qu'inutile.

L'histoire avait sans doute appris à Maine, comme elle l'apprend aux esprits calmes et modérés qui la méditent, combien il entre de quantités inconnues dans le résultat des expériences politiques. Quiconque a pu s'en rendre compte préférera se tenir, autant que possible, aux résultats acquis de l'expérience, ou tout au moins ne pas s'écarter des résultats qui s'en rapprochent. Si c'est être conservateur que d'avoir une foi médiocre dans le mécanisme politique proprement dit, et moins encore dans les systèmes politiques fabriqués de toute pièce sur une vaste échelle, — en ce cas, Maine était conservateur. Mais, à ce titre, il pouvait, au besoin, nous mettre expressément en garde contre la crédulité qui s'appuie sur des traditions imaginaires du passé, tout aussi bien que contre la crédulité, beaucoup plus fréquente aujourd'hui, qui s'appuie sur des espérances chimériques de l'avenir. Je renvoie particulièrement sur ce point aux discours qu'il a prononcés comme vice-chancelier de l'Université de Calcutta. Toujours est-il qu'aucune autorité n'a donné jusqu'ici du libéralisme une définition qui implique, comme trait caractéristique, l'ignorance des faits patents. Nous pouvons admirer ou ne pas admirer l'aspect décoratif des arbres de la Liberté plantés sur les places publiques. C'est affaire de goût. Mais il est positif, ni plus ni moins, que l'arbre de la Liberté, comme tous les autres arbres, s'obstine à végéter maladivement quand on le transplante après développement complet. Notre vieux chêne anglais est d'écorce rugueuse, battue par l'orage. Ses branches n'ont rien de symétrique. Quelques-unes se sont développées sans entraves, tandis que d'autres demeuraient chétives et rabougries. Il garde la saveur de son terroir et n'en connaît point d'autre. Mais, dans ce terroir, il reste solidement enraciné; et, depuis les fibrilles les plus profondes qui le nourrissent en puisant dans les recoins mystérieux du sol, jusqu'aux feuilles qui le couronnent et s'élancent dans l'air tournées au soleil, il continue de vivre et de s'épanouir. Notre Constitution est populaire, parce que la vie du peuple anglais, du plus grand aux plus humble, se dépense à la rendre ce qu'elle est. De tout temps, pour ainsi dire, elle a combiné la fixité de tradition avec une rare faculté de s'assimiler les éléments nouveaux et d'adapter ses organes présents à de nouveaux objets. Pendant une durée d'alliance considérable, nos institutions et notre caractère national se sont mutuellement confirmés dans cette habitude. On peut se demander si Maine n'a pas trop mésestimé les vertus pondératrices d'un semblable tempérament dans le corps politique, s'il a bien calculé dans quelle mesure notre adaptabilité peut encore rompre ce corps à d'utiles exercices, ou tout au moins rendre tolérable des innovations qui pourraient ailleurs être dangereuses. Certains observateurs trouvent dans la malléabilité de notre Constitution comme dans la prompte sensibilité de notre Législature souveraine à l'opinion publique, une sauvegarde plutôt qu'un danger. On peut se demander, d'autre part, si Maine n'a pas exagéré, tout à la fois, la rigidité pratique des Constitutions de l'Union fédérale ou des divers Etats de cette Union, ainsi que les avantages qui découlent de la difficulté d'y introduire des altérations formelles. Nous avons, en tout cas, la preuve, dans un pays beaucoup plus voisin, que la revision d'une constitution écrite peut mettre le manche dans la main d'un agitateur. Mais, encore une fois, je rappellerai que toute critique ou correction de l'œuvre de Maine, pour être fructueuse, doit se plier à suivre sa propre méthode ; et, même alors, il nous arrivera souvent de découvrir, pendant encore quelque temps, que nos critiques ont été prévues, et qu'une réserve significative se dissimule sous quelques mots oubliés à première lecture. Peu de grands écrivains sont aussi faciles que Maine à critiquer superficiellement : car il semble prêter sans cesse le flanc par l'ampleur de ses assertions. Peu d'écrivains sont aussi difficiles à critiquer à fond : car plus on étudie attentivement sa phrase, avec une connaissance plus intime du sujet, plus on aperçoit de distinctions subtiles et de prudence calculée, aussi bien dans ce qu'il dit que dans ce qu'il se refuse à dire.

S'il m'est permis d'ajouter, pour ma part, quelques mots sur l'avenir immédiat de l'histoire comparative, je dirai qu'elle entre maintenant dans une phase moins brillante, bien que non moins intéressante et non moins utile. Nous avons à explorer, point par point, les détails que nos guides et nos maîtres ont été les premiers à démêler dans l'aspect général des choses. Nous avons à débrouiller les causes multiples de changement dans les institutions humaines ; nous avons à nous garder de nous tenir pour satisfaits d'avoir expliqué un phénomène quelconque, tant que nous ne l'avons pas rattaché, non seulement à une cause plausible, mais à une cause dont nous puissions démontrer l'existence et surveiller l'opération. Les similitudes de lois, de coutumes, de procédures, même dans leurs menues particularités, ne servent que d'indications pour diriger les recherches; ce ne sont point des preuves concluantes de relations ou d'origine commune. Des besoins analogues suscitent, en général, des expédients analogues; mais il se peut qu'on n'ait abouti à ces expédients qu'en modifiant d'une façon toute différente des matériaux tout différents. Un résultat donné peut s'obtenir dans une communauté par un développement normal; puis, dans une autre, par quelque adaptation souverainement artificielle; enfin, dans une troisième, par importation ou par imitation directe d'un modèle étranger. De même, une série de formes continue en apparence, peut n'offrir réellement aucune espèce de lien historique. Dans le travail manuel et visible de l'homme, dans ses outils, ses armes, ses ornements, c'est un objet de vérification constante. Quiconque vient passer une demi-heure au musée Pitt-Rivers d'Oxford, se convaincra sans peine qu'en ce genre de choses, le progrès est loin de suivre toujours l'ordre qui nous paraît naturel. Même dans la mécanique moderne, on repousse souvent comme impraticables, après une courte mise à l'essai, des idées qui reparaîtront bientôt triomphantes, grâce à quelque amélioration légère, mais vitale, dans leurs moyens d'exécution. Pareilles vicissitudes ne sont pas inconnues dans le mécanisme du gouvernement et de la législation; aussi la vie et la mort des coutumes nationales peuvent-elles dépendre de conditions que des investigations patientes arrivent seules à découvrir. A supposer qu'il existe une règle générale et certaine, elle semble bien être que, si les lois du changement sont rarement simples, et souvent même assez complexes pour dérouter entièrement, il n'existe pas moins une forte présomption contre la chance qu'elles soient absolument neuves. *Homo non facit saltum.*

Le dernier ouvrage que nous ait laissé Maine est la seule et unique série de leçons qu'il ait eu le temps de professer dans la chaire fondée par le Docteur Whewell. L'auteur n'a pu les reviser définitivement; et l'on ne saurait dire dans quelle mesure il les eût corrigées ou refondues. On a cru que mieux valait les imprimer telles quelles, plutôt que priver le public de leur substance. On ne peut donc, en bonne justice, comparer ce livre au point de vue de la forme avec les œuvres que Maine a publiées sous sa direction personnelle. Et, cependant, la comparaison ne laisse pas d'être instructive en montrant quel souci de condensation et de revision Maine apportait à ses œuvres, avant de les juger dignes de voir le jour. Le sujet de ce dernier ouvrage n'est pas de ceux qui prêtent beaucoup aux découvertes ni aux spéculations historiques ; car l'histoire et la littérature du Droit international sont absolument modernes. J'estime, pourtant, que l'on retrouvera suffisamment dans ce volume l'originalité et la largeur de vues, la richesse d'exemples, l'à-propos de comparaison, la sûreté de jugement qui sont le propre de Maine. Il s'y rencontre, du moins, un détail dont la portée matérielle dépasse de beaucoup l'intérêt académique. Maine ajoute le poids de son autorité à l'opinion, émise depuis plusieurs années déjà par M. Seebohm, que le véritable intérêt de l'Angleterre est d'étendre les principes de la Déclaration de Paris jusqu'à supprimer totalement la capture sur mer de la propriété privée.

Nous sommes réunis en ce jour, moins pour rendre hommage à la mémoire de Sir Henry Maine, que pour nous demander comment nous pourrons le mieux continuer à lui rendre hommage en suivant son exemple, ainsi qu'il eût souhaité de le voir suivre. Nous ne devrions pas éprouver, selon moi, de grandes difficultés à marquer le but que nous nous proposons d'atteindre. Assurément nous serions de bien médiocres disciples si nous ne savions d'abord ce qu'il nous faut éviter ici. Nous n'arriverons jamais à répandre le culte de notre maître, outre que nous ne gagnerons aucun prestige pour nous-mêmes, en nous bornant à réciter des propositions tirées de ses livres, en adoptant ses conclusions comme si elles nous dispensaient de réfléchir ensuite pour notre compte. La sagesse n'est pas dans les axiomes que l'on peut répéter indéfiniment. Et, suivant les paroles d'or d'un autre savant avisé, que nous avons perdu naguère, Mark Pattison, « la science ne consiste pas à se pénétrer l'esprit de propositions exactes, enseignées sur un ton plus ou moins dogmatique. » Car la science représente la connaissance organisée, vivante, active; or, sans changement, il n'y a point d'action, point de vie. Tout ce qui cesse de se transformer est mort. Un grand écrivain français, dont Maine connaissait et appréciait le talent, déclare que l'essence de la bêtise est de vouloir des conclusions définitives (1). Comme l'a dit Maine pour sa part, le principe du progrès, qui n'est autre que la loi de la santé dans la vie, est un principe de « destruction, mais en vue d'une reconstruction ultérieure (2). » L'immortalité d'un homme de génie n'est pas uniquement, ni même principalement, dans l'œuvre qu'il lègue aux méditations de la postérité, mais dans l'activité qu'il inspire. Nous n'avons qu'une façon de payer nos dettes au passé. C'est de les payer de telle sorte qu'une fois notre temps fini, nous devenions les créanciers de l'avenir. L'œuvre de Maine possède, comme elle possédait déjà de son

(1) [« Oui, la bêtise consiste à vouloir conclure. Nous sommes un fil, et nous voulons savoir la trame..... Quel est l'esprit un peu fort qui ait conclu, à commencer par Homère?... » — Gustave Flaubert, *Correspondance*, Paris, Charpentier, t. I, 1887, p. 338.]

(2) [*Etudes sur l'Histoire du Droit*, p. 313.]

vivant, l'assurance d'une survie longue et productive. C'est à nous, ses compatriotes et ses disciples, qu'il appartient de revendiquer et de remporter l'honneur d'être au premier rang dans cette continuité d'entreprise. Et, dans les Universités plus que partout ailleurs, le nom et l'exemple de Maine doivent rester comme un constant encouragement. Je ne sais pas de vie récente qui ait plus complètement témoigné que le savoir est encore une force dans le monde civilisé d'aujourd'hui. Maine, par sa ferme véracité d'intelligence, s'est procuré beaucoup plus même des biens de ce monde, qu'il n'eût obtenu sous l'aiguillon d'une ambition vulgaire. L'acceptation et l'expansion de ses idées nous offrent la preuve la plus manifeste que les études étrangères en apparence aux intérêts communs de l'humanité, peuvent recevoir, en toute circonstance, une justification lumineuse. Maine a été heureux, d'ailleurs à très juste titre, aussi bien dans sa carrière que dans son influence. Il n'a courtisé ni les succès, ni les honneurs, ni l'estime générale ; tout cela lui est venu sans qu'il le recherchât ; il en a joui sans orgueil comme sans affectation. La simplicité du vrai lettré ne lui a jamais fait défaut. Nous ne pouvons tous essayer d'égaler sa fortune ; nous ne pouvons tous espérer d'atteindre à la réputation. Mais les dons de la sagesse sont accessibles à tous ceux qui les désirent sincèrement ; et, si nous suivons en conscience les enseignements d'un maître tel qu'Henry Maine, nous pouvons tous apprendre le moyen d'acquérir et de nous approprier la dignité du savoir (1).

(1) Il peut être utile d'ajouter ici les principales dates de la biographie de Sir Henry Maine :

1822, naissance ; 1844, Bachelier ès arts ; 1847, *Regius Professor* de Droit romain (Cambridge) ; 1850, inscription au barreau ; 1861, publication de l' « Ancien Droit » ; 1862, membre jurisconsulte du Conseil du Gouverneur-Général (Inde) ; 1869, Professeur de Droit Comparé (Oxford) ; 1871, membre du Conseil Supérieur au Ministère des Indes ; 1877, Grand-Maître de Trinity-Hall (Cambridge) ; 1887, Professeur de Droit international (ibid.) ; 1888 (3 février), mort à Cannes.

[On trouvera dans le *Journal des Savants*, de janvier 1889, une remarquable analyse de l'œuvre de Maine, par M. Rodolphe Dareste. Il est facile de rectifier les quelques erreurs légères qui se sont glissées dans la partie biographique de ce travail, en consultant les notices signalées dans la préface du volume d'*Etudes sur l'Histoire du Droit*, p. II, note 2].

NOTICE DES ÉDITEURS

Les leçons qui suivent ont été professées à l'Université de Cambridge, pendant le terme de la Saint-Michel 1887, par feu Sir Henry S. Maine, alors Professeur de Droit international en vertu de la fondation du Docteur Whewell. Elles sont imprimées sur le texte écrit en partie de sa main propre, et qu'il avait complètement revisé pour son cours, mais sans le préparer en vue d'une publication future. Les épreuves ont été corrigées par M. Frederic Harrison et M. Frederick Pollock, tous deux avocats de Lincoln's Inn (1), — tous deux au nombre de ses exécuteurs testamentaires. Ils n'ont pas cru de leur devoir de rien changer à

(1) [La section du barreau à laquelle appartenait Sir Henri Maine.]

l'esquisse de ces Leçons, sauf dans la mesure nécessaire pour éclaircir à l'occasion quelque passage obscur ou manifestement défectueux. — Ils ont, en outre, ajouté des titres aux Leçons et un index à la fin du volume.

Lincoln's Inn, septembre 1888.

LE

DROIT INTERNATIONAL

LA GUERRE

LE
DROIT INTERNATIONAL

LA GUERRE

I

ORIGINES ET SOURCES.

L'éminent fondateur de la chaire de Droit international qui porte le nom de Whewell, enjoint, avec instance, d'une façon formelle, à quiconque occupe cette chaire, de se proposer avant tout, dans les diverses parties de son enseignement, d'établir les règles, de suggérer les moyens, qui pourraient contribuer à diminuer les maux de la guerre, et finalement supprimer la guerre même entre les nations.

Ces paroles du docteur Whewell, qui reviennent dans son testament comme dans le statut de sa fondation professorale, renferment indubitablement à la fois une condamnation et une direction. Le Droit international, sous ses premières formes, s'est developpé suivant un mode de traitement que l'on a, d'ailleurs, appliqué à bien des sujets importants de méditation, lorsqu'ils arrivent au point où l'on commence de les introduire dans les livres, — à la théologie, à la morale, voire en de certains cas, au Droit positif et privé. Les écrivains d'autorité, qui ont l'oreille des savants et des classes professionnelles, se suivent comme à la file : chacun commentant les travaux de son prédécesseur, et s'efforçant tantôt de corriger les propositions qu'il formule, tantôt de leur ajouter quelque chose, tantôt d'en imaginer des applications nouvelles. Pendant un temps considérable, le Droit international, tel qu'on l'entend d'ordinaire, dut être exclusivement tiré des opinions de ces auteurs en vogue, qui néanmoins différaient sensiblement l'un de l'autre par leurs qualités comme par leurs défauts. A la tête et à la fin de la liste on s'accorde souvent à inscrire deux noms : le premier, celui de Grotius, né en 1583 et mort en 1645 ; le dernier, celui de Vattel, né en 1714 et mort en 1767. On peut déclarer sans crainte, à l'égard de ces deux auteurs, que leurs préceptes ou propositions tendaient à diminuer les maux de la guerre, et qu'ils contribueront peut-être un jour à l'éteindre parmi les peuples. Mais, quant au reste des publicistes du même genre, on doit avouer que les uns étaient superficiels ; d'autres, instruits mais pédants; d'autres, sans clarté de vues ni d'expression; d'autres, médiocrement accessibles aux modifications du sens moral qui résultent des progrès de l'humanité; d'autres enfin, tout uniment réactionnaires. A mesure que nous avancerons dans nos études, peut-être me sera-t-il possible de vous indiquer à quelle catégorie se rattache l'auteur dont nous nous occuperons immédiatement, et pour quel motif il s'y rattache.

En attendant, on me permettra bien, je pense, de m'arrêter un instant, pour déclarer qu'à première vue la tâche imposée par le docteur Whewell à son professeur, me semble aujourd'hui presque désespérée. Quel professeur de Droit, public ou privé, contemplant ce qui se passe autour de nous, pourrait espérer quand même découvrir les moyens de contrôler, et moins encore d'affaiblir ou d'anéantir, les forces prodigieuses qui semblent maintenant si favorables à la guerre ? Les faits se joignent aux chiffres pour témoigner également du développement énorme de ces forces, en volume comme en puissance. L'année qui marque le milieu de ce siècle était la trente-cinquième d'une longue paix, née en 1815, — d'une paix qui, sans demeurer tout à fait ininterrompue, car elle avait subi quelques légères intermittences de guerre locale, s'était prolongée néanmoins aussi longtemps qu'aucune autre depuis les débuts de l'Europe moderne, — d'une paix fertile en conséquences remarquables de tout genre.

On peut dire que cette génération avait fait un beau rêve. Elle rêvait d'un temps où, suivant le mot du grand poète qui commençait alors d'exercer sur elle son influence, « on n'entendrait plus le tambour de la guerre, où le drapeau des batailles ne déroulerait plus ses plis (1). » Et, en 1851, s'était produit un événement qui, depuis lors, est devenu quelque peu banal à force de se réitérer, l'ouverture de la première Exposition des Arts et de l'Industrie. Son succès accrut sérieusement la conviction que les guerres avaient cessé désormais ; qu'une compétition dans les arts pacifiques allait rem-

(1) [Tennyson, *Locksley Hall*, 1842.]

placer la lutte par les armes; que les différends seraient dorénavant soumis à une action littéraire, et non plus à la force brutale. Comme l'écrivait un prosateur, doublé d'un poète, qui vivait alors : « Le capitaine Plume avait vaincu le capitaine Sabre (1). »

Mais l'édifice même qui figurait ce Temple de la Paix venait à peine de disparaître, que la guerre éclata de nouveau, plus formidable que jamais. D'abord vint l'expédition de Crimée, où l'Angleterre eut un rôle de belligérante principale. Puis, suivit l'effroyable lutte occasionnée par la révolte de l'Inde, où les intérêts anglais furent seuls en jeu. Peu après, le Gouvernement du nouvel Empire français attaqua les Gouvernements fondés en Italie par le traité de Vienne; et, bientôt, les divers arrangements créés dans la péninsule par ce traité se trouvèrent anéantis. Avant qu'il fût longtemps, les Etat-Unis d'Amérique, que l'on regardait comme préservés de ce fléau par une sorte de bon sens terre à terre, se virent déchirés par la guerre de Sécession, qui, relativement à sa durée, aura été la plus coûteuse et la plus sanglante de toutes. Il ne fut pas longtemps encore avant que l'or-

(1) [Leigh Hunt, *Capitain Sword and Capitain Pen*, 1839.]

ganisation de l'Allemagne, fixée par le traité de Vienne, s'écroulât par suite d'une querelle entre les grandes puissances germaniques. C'est presque d'hier que datent la guerre Franco-Allemande, et la campagne des Russes contre les Turcs, — double conflit qui nous a révélé des sources d'antagonisme dont nous n'entrevoyons pas encore le terme : savoir, la rivalité historique des Français avec les Allemands; et le plus désespérant des problèmes qu'ait à résoudre le monde civilisé, le règlement de comptes provoqué par l'inévitable effrondement de l'Empire turc.

Il est, bien entendu, facile de déterminer les causes immédiates de ces guerres; mais, pour qui croyait au triomphe définitif de la paix, ce fut une amère déception. Et, plus alarmant encore que le retour de la guerre, fut l'intrusion de la guerre dans la paix. Après la défaite d'Iéna, la limitation de forces que l'Empereur Napoléon avait imposée aux Prussiens, engendra un système dont le résultat fut d'enseigner au monde d'Occident un nouveau mode d'organisation militaire. La population tout entière d'un pays dut traverser les rangs de l'armée. Comme aux temps les plus éloignés, les jeunes gens devaient se battre en première ligne; puis, les hommes d'un âge immédiatement supérieur; puis, après ceux-ci, leurs anciens. Tous connaissaient alors, et connaissent aujourd'hui, le maniement des armes; et nul n'échappe à la nécessité de se battre en de certaines conjonctures, sauf les très vieux et les très jeunes. Les chiffres sont absolument stupéfiants. Lorsque la Russie se trouvait au comble de la réputation militaire qu'elle avait acquise en 1812 et 1813, elle éprouva toujours des difficultés à mettre en ligne cent mille hommes : on dit aujourd'hui qu'elle compte six millions d'hommes sur pied. L'effort le plus énergique que la France eût jamais tenté pour armer sa population s'était manifesté en 1813, après la retraite de Moscou, et avant l'ouverture des campagnes surprenantes de Napoléon sur le sol même de la France. Or, le nombre d'hommes que Napoléon, secondé de tous ses lieutenants, put mener au combat, de la France, de l'Italie et de la Confédération du Rhin, — auxquels il faut ajouter les garnisons françaises qui n'étaient point engagées dans les opérations, — égalait presque exactement le nombre d'hommes que la France regarde, en ce moment, comme le chiffre normal de son armée sur un pied de paix rigoureuse.

« La guerre, » dit Grotius, dans un curieux

passage, où il marque son dissentiment des opinions de l'âge précédent, « la guerre n'est pas un art. » Aujourd'hui, non seulement la guerre est un art qui demande un long apprentissage, et qui se surcharge d'une foule de règles précises, mais elle est, en outre, la mère d'une quantité d'arts nouveaux. La science ou l'art des explosifs, qui, depuis près de vingt ans, occupe l'humeur inventive des peuples civilisés, est tout entier d'origine guerrière; et même un art, en apparence très paisible, l'art du génie hydraulique, devrait, dit-on, son remarquable développement actuel à la recherche des moyens de soulever et de mettre en œuvre les immenses pièces de la marine. Les canons à longue portée furent essayés pour la première fois en campagne durant la guerre de Crimée, où, somme toute, ils subirent un échec que l'on déclara trop coûteux. Mais nous possédons en ce moment des documents très instructifs sur ce qu'ils sont devenus, documents fournis en partie par le Comité de la Chambre des Communes chargé d'établir le budget de l'armée, — en partie, par le rapport de la Commission royale, chargée d'étudier les modèles de la marine, ou, en d'autres termes, la façon dont les fonctionnaires civils et militaires de notre gouvernement se comportent à l'égard des inventions nouvelles. Le directeur général de l'artillerie déclare, devant le Comité du Parlement, que l'accroissement du budget de la guerre, par suite du progrès de la science militaire, remonte à 1882-83, époque où l'on a finalement adopté les canons se chargeant par la culasse. Le prix du tube d'acier était supérieur d'un tiers à celui de l'ancienne volée en fer forgé. Mais ce prix a bientôt augmenté de telle sorte que, pour le canon de cent tonnes, il dépasse 19,000 livres [475,000 fr.], tandis que le prix du projectile, qui se maintenait autrefois légèrement au dessus de 7 livres [175 fr.], en coûte maintenant au minimum 150 [3,750 fr.]. Tout l'or, toute la peine, toute l'habileté que l'on dépense aujourd'hui pour la marine, et la défense sur terre, semblent aboutir à ceci. Chaque canon, du modèle le plus récent, doit coûter environ 20,000 livres [500,000 fr.]. Il lui faut une charge de poudre et un obus qui pèsent à peu près une tonne un quart. Chaque coup revient à 150 livres. D'où il résulte que l'un des gros canons dont on se servait dans la marine, à la fin du siècle dernier et au commencement du siècle présent, alors que l'Angleterre remportait ses grandes victoires navales, ne coûtait guère plus que quelques gargousses munies de leurs projectiles à l'usage d'un canon d'aujourd'hui. Ce n'est pas tout. Quand un canon d'aujourd'hui a tiré cent cinquante coups, il est à ce point détérioré par le travail ou l'effort subi, que l'on est obligé de l'envoyer à réparer. Cette brièveté d'existence utile vient de l'extrême délicatesse de structure que lui a donnée la science moderne. Je répète donc ma question : — Devant l'énormité des forces à l'œuvre, comment s'y prendre pour les contrôler, pour les diminuer, pour les réduire, au moyen d'une action simplement littéraire?

On trouvera peut-être quelque raison de se consoler dans la constatation d'un fait, sur lequel il est d'autant plus nécessaire d'insister que sa révélation ne s'accorde pas absolument avec les hypothèses d'écrivains célèbres, dont nous discuterons bientôt les idées, et dont le nom s'associe plus qu'aucun autre avec l'origine du Droit international. Ils s'imaginaient, pour la plupart, que l'espèce humaine était partie d'un état d'innocence paisible. C'était la dépravation de l'homme qui avait coupé court à cet état pour engendrer des guerres virtuellement universelles, incessantes. On ne saurait nier que cette thèse soit le contraire de la vérité. Ce n'est pas la paix qui est l'état naturel, primitif, antique, — mais bien la guerre. La guerre paraît aussi vieille que l'humanité; mais la paix est une invention moderne. Notre intelligence commence tout au plus à nous permettre de sonder les nuages qui couvrent le premier seuil de l'histoire. Or, s'il est une chose qui semble évidente pour tout observateur exercé, c'est la belligérance universelle de l'humanité primitive. Non seulement, on aperçoit partout la guerre; mais cette guerre est plus atroce que nous ne pouvons, avec nos idées, le concevoir sans peine.

Prenons, par exemple, ce qui concerne le traitement des prisonniers et des blessés. Dès l'abord, certains indices, sur lesquels on ne peut se méprendre, témoignent que le prisonnier et le blessé sont non seulement massacrés, mais torturés avant leur mise à mort. Les races encore sauvages qui nous ont le mieux instruits sur les usages et l'état originels des hommes, sont les Indiens du nord de l'Amérique, et les aborigènes de l'Australie. Que les Indiens du nord de l'Amérique torturent leurs prisonniers avant de les mettre à mort, c'est une des nombreuses réalités qui nous sont devenues familières, aujourd'hui qu'elles ont pénétré dans la littérature. Une branche de leur race, celle des Mexicains, avait même atteint un certain niveau de civilisation; mais c'est encore un détail de connaissance courante, que les Mexicains exécutaient leurs prisonniers, presque sous forme d'hécatombes, avec la plus extrême cruauté. Et cette pratique s'était fortifiée chez eux d'une sanction religieuse. Quant aux Australiens, on a remarqué qu'ils avaient hérité cet instinct qui pousse l'animal à torturer le gibier qu'il vient de prendre, jusqu'à ce qu'il l'achève. L'écolier, en Europe, est souvent révolté par l'incident final du triomphe chez les Romains, où l'ennemi courageux qui venait d'être traîné dans le cortège processionnel, subissait le fouet avant d'être égorgé. Lorsque nous arrivons aux guerres du Moyen-Age, ces barbaries ont disparu; et, si grandes que paraissent les souffrances des blessés ou des prisonniers, elles semblent dues à l'ignorance ou à l'insouciance plus qu'à la cruauté. A la bataille d'Azincourt, il n'y avait, dit-on, sur le terrain, qu'un seul homme qui possédât quelques notions de médecine ou de chirurgie. C'était le prédécesseur de l'officier que l'on appelle aujourd'hui le Chirurgien de l'Etat-major royal.

Les seules influences qui, au début de l'histoire, semblent mettre un terme à la guerre sur une vaste échelle, sont des influences que l'on a fort critiquées et pour lesquelles on s'est montré légèrement injuste. L'histoire conventionnelle du monde, telle qu'on l'a dernièrement revisée, s'ouvre par la formation de grands empires, — les Empires égyptien, assyrien, mède et perse. Indubitablement, leur création est l'effet de la cupidité de l'homme plutôt que de son humanité. Le but de leurs fondateurs était de satisfaire dans une large mesure un goût de pompe ambitieuse, et d'augmenter la surface du domaine exploitable pour leurs impôts. Mais, nonobstant, nul ne peut dire combien de guerres ils ont étouffées par la prohibition, sans doute maintenue sévèrement, d'hostilités quelconques entre les diverses subdivisions de leurs sujets. Le dernier Empire qui ait apporté des bienfaits de ce genre à l'humanité d'Occident fut l'Empire romain. Pendant la longue durée de la paix romaine, non seulement on vit cesser, en réalité, l'effusion du sang, mais l'égalité des sexes, l'adoucissement de l'esclavage, et l'organisation du Christianisme firent leur apparition première en ce monde.

Lors donc qu'un de ces empires s'écroule, la vieille souffrance se ravive. « Donnez-nous la paix aujourd'hui, Seigneur, » est un verset de la liturgie anglicane, qui date, assure-t-on, de la rupture de l'Empire, c'est-à-dire du temps où l'Empire se morcelait en royaumes occupés par des races barbares. C'est évidemment une prière pour obtenir une faveur exceptionnelle, inespérée. En Orient, on ne saurait calculer combien l'Empire chinois prévient d'effusion de sang. Indépendamment des autres bienfaits que l'Empire indien peut procurer à l'agglomération de pays qu'il embrasse, nul doute que s'il venait à se dissoudre ou à tomber aux mains de maîtres incapables de gouverner, les territoires qui le composent fussent de bout en bout submergés par un déluge de sang. A mesure que l'histoire de l'Europe s'achemine vers les temps modernes, on voit des moments où les vieilles controverses semblent épuisées, ou la lutte se relâche, jusqu'à un certain point; mais aussitôt quelque grande dissension s'élève entre les hommes — alors commencent, par exemple, les guerres de religion — et de nouveau, l'Europe se trouve inondée de sang.

Il existe d'autres faits, à première vue de moindre importance, et que l'on n'a pas assez l'habitude de prendre en considération. De tout temps, à travers ces conflits sauvages sans cesse renaissants, on distingue les signes d'un effort conscient pour prévenir la guerre ou pour l'adoucir. L'homme n'a jamais été assez féroce, ni assez stupide, pour subir un mal aussi grave sans faire quelque effort en vue de le prévenir. Il n'est pas toujours facile de déchiffrer les indices de ce désir, ainsi que les symptômes de tentatives pour enrayer la guerre ou pour en atténuer les horreurs. Il faut quelque temps pour interpréter ces signes; mais, l'attention une fois éveillée, il est impossible de se méprendre à leur égard. Le nombre des institutions anciennes qui portent l'empreinte d'un dessein prémédité pour faire obstacle à la guerre et pour lui offrir une alternative, est excessivement élevé. Dans un grand nombre de pays, et chez un grand nombre de races, on découvre de vieilles formes d'épreuves où chacun peut constater, entre autres actes cérémoniels des parties, une sorte de combat mimique. Le *sacramentum* des Romains en est l'exemple le meilleur et le plus familier. La procédure que nous appelons judiciaire tient évidemment lieu d'un combat. Un autre expédient, sur lequel on s'est beaucoup mépris, est l'amende pécuniaire que l'on imposait, tantôt à l'auteur individuel d'un homicide, tantôt à sa tribu, — le *Wehr Geld* des Germains, l'*Eric* des anciens Irlandais. Je l'ai vu interpréter comme une marque du peu de prix qu'attachaient ces races primitives à la vie humaine. Voici, nous dit-on, une simple compensation pécuniaire pour le meurtre d'un ennemi. Mais c'est ici méconnaître la sévérité du châtiment qui s'inflige. Si l'on venait nous apprendre qu'un homme, coupable d'avoir pris la vie d'un autre homme, s'est vu confisquer toutes ses terres, nous estimerions, j'imagine, qu'à tout prendre la punition n'est pas insignifiante. Or, l'un des nouveaux aperçus que nous devions à l'ancien Droit irlandais, le Droit Brehon, est une conception pour la première fois adéquate de l'importance qu'offre aux yeux de l'homme la propriété mobilière. *Capitale*, « Cattle, » le capital, — mot qui possède une longue généalogie, — était l'instrument impérieusement exigé pour la culture du sol, à une époque où la terre abondait, tout en demeurant peut-être commune et indivise. L'obligation, imposée à la famille ou à la tribu de quiconque avait pris la vie d'autrui, de payer à un autre de ces anciens groupes, une portion de ce bien si jalousement gardé, loin d'être une pénalité légère, représentait, au contraire, une peine excessivement lourde.

Il est d'ailleurs à noter que, chez les groupes tribaux dont se composait anciennement ou primitivement la société, le culte de la bonne foi semble avoir été plus strict que chez les individus. On relève même certaines marques d'un respect médiocre pour le caractère sacré d'un accord entre individus ; mais, entre tribus, il n'en va pas ainsi. Les vieux monuments qui nous sont accessibles racontent sans doute, en général, des victoires et des défaites ; mais ils enregistrent aussi des traités. Des traités d'une complexité profonde et d'une haute antiquité se rencontrent chez les sauvages d'aujourd'hui. Nous avons en outre quelque aperçu d'une organisation qui se rapproche de ce que l'on appellerait maintenant le Droit international, c'est-à-dire qui porte sur des règles imposées suivant un cérémonial régulier, par des agents officiels possédant une expérience acquise. Tel était le *Jus Fetiale* des Romains. Et l'on doit observer qu'en certains départements de ce Droit, les préceptes étaient, ce semble, plus rigides qu'on ne les trouve dans les temps modernes, au début de ce que l'on nomme scientifiquement le Droit international : par exemple, les règles sévères et formelles qui président aux déclarations de guerre.

Depuis les temps modernes, on réserve, à beaucoup près, le nom de Droit international aux règles établies par un genre spécial d'écrivains. Nous pouvons dire qu'en somme ces derniers apparaissent dans la première moitié du XVIIe siècle, et se succèdent pendant les trois quarts du XVIIIe. Les noms que nous connaissons, pour la plupart, sont, tout d'abord, celui du grand Hugo Grotius, puis ceux de Puffendorf, Leibnitz, Zouch, Selden, Wolf, Bynkershoek, et Vattel. La liste ne commence pas absolument avec Grotius, non plus qu'elle s'arrête exactement à Vattel. Et même, en ce qui regarde la fin de la série, il est des gens qui prétendent, — mais je ne crois pas l'idée très heureuse, — que la race des juristes créateurs continue d'exister. Il faut remarquer aussi que le Droit international, avant de tomber entre les mains de ces publicistes, avait, comme la plupart des autres sujets d'étude, attiré l'attention de l'Eglise. Il est tout un chapitre du Droit des gens que traitent les théologiens du catholicisme romain ; et la différence légère qui caractérise leur emploi des expressions techniques, telles que le « Droit de nature » et le « Droit naturel », ne laisse pas que d'embarrasser à l'occasion, si l'on veut étudier le système dont nous nous occupons ici.

En tout cas, les règles formulées par les auteurs que je viens de mentionner et par quelques autres, la nature de leur système, la mesure dans laquelle il semble désormais fixé, absorberont une grande partie de notre temps dans le cours des leçons présentes, comme dans le cours des leçons futures. Tout d'abord, leur système est celui que l'on connaît d'ordinaire sous le nom de Droit international ; et, secondement, nous ne trouvons pas seulement en eux les écrivains à qui s'adressait la condamnation implicite portée par le docteur Whewell, mais encore ceux dont les œuvres ont agi sur l'esprit de belligérance comme un charme magique, qui ont prévenu des guerres ou les ont adoucies, qui ont enfin travaillé à préparer un temps où la guerre même disparaîtrait. Je parlais, il y a quelques instants, de l'effet des grandes agglomérations de pays en empires territoriaux pour engendrer la paix. Lorsque l'Empire romain se fut écroulé, après un moment de transition, le nouveau monde européen se trouva protégé longtemps contre une guerre incessante, par la survivance de l'autorité romaine. Son ombre même suffisait à maintenir autant de paix que le comportait l'heure courante. Le

Pape ou l'Empereur, chacun héritier des Césars, servait de cour arbitrale pour apaiser les disputes et refréner la guerre. Il ne faudrait pas, je me hâte de vous en prévenir, attribuer à leur influence une action trop sensible. Leur sphère était plus spécialement l'Italie. Or, un historien qui écrivait à la fois en Italien et en Français, et qui a eu l'idée pratique de répartir l'histoire de l'Italie en périodes, suivant la nature des révolutions survenues dans les Etats italiens, Ferrari, n'a pas compté moins de 7000 révolutions dans ces Etats, chacune avec sa guerre propre, grande ou petite. Néanmoins, l'Empereur et le Pape, et plus encore le Pape que l'Empereur, étaient incontestablement, en definitive, des auteurs de paix; et, quelquefois, le rôle du Pape était rempli par un prince d'une sainteté notoire, comme Saint Louis de France. Mais l'explosion des grandes guerres de religion, des guerres entre catholiques et protestants, mit un terme à ces influences pacifiques. Le Pape, bien entendu, se trouva nécessairement d'un côté des combattants; et, somme toute, l'Empereur embrassa la même cause. De là vient que les grands juristes internationaux appartinrent aux petits Etats et furent tous protestants. Le Droit international des docteurs catholiques romains était tombé d'abord en suspicion, puis finalement en discrédit. Une loi munie d'une sanction nouvelle devenait indispensable, si l'on voulait que les Etats lui obéissent; et c'est là ce que créèrent les juristes nouveaux. Le résultat fut un adoucissement rapide des guerres et une diminution rapide de leur fréquence.

Il est très important de se demander ici quelle est la place exacte, dans l'histoire juridique, de l'ensemble de règles que l'on désigne sous le nom de Droit international. On trouvera que la vraie réponse à cette question implique une réponse à plusieurs autres, d'une portée moins générale, — mais que se posent aujourd'hui les critiques, ou qui se présentent spontanément à l'esprit de l'étudiant, — sur la nature et l'autorité du célèbre système dont il s'agit. Quelle est donc sa place dans le développement général de la jurisprudence en Europe? Nous pouvons répondre avec une suffisante assurance, que son acceptation rapide par les peuples civilisés, figure une étape — étape d'ailleurs très tardive — de la diffusion du Droit romain par toute l'Europe. Ceux d'entre nous qui ont prêté quelque attention à l'histoire du Droit, savent que j'effleure ici un sujet d'un vif intérêt et d'une certaine difficulté. En beaucoup moins d'un siècle, les idées des gens instruits sur l'histoire du Droit romain en Occident ont subi toute une transformation. Il y a cent ans, la thèse virtuellement universelle des auteurs juridiques était qu'après la rupture des territoires romains en royaume distincts, sous la pression des races barbares, le Droit romain s'était perdu, comme s'était perdu, croyait-on, l'Empire lui-même. Il était clair pourtant que, si les choses s'étaient passées de la sorte, le Droit romain avait dû ressusciter d'une façon quelconque, à un moment ou un autre : et c'est ce que l'on expliquait par des fables, comme l'histoire de la découverte d'une copie des Pandectes de Justinien au siège d'Amalfi.

Une science plus récente, — une science même sur quelques points tout à fait récente, — nous a appris que beaucoup de ces hypothèses étaient douteuses, et beaucoup d'autres manifestement fausses. L'Empire romain ne sombra jamais tout entier, non plus que le Droit romain. L'Empire, avec César à sa tête, et avec quelques institutions accessoires qui remontaient même jusqu'au temps de la République, survécut assez longtemps pour se laisser détruire par Napoléon Bonaparte, bien que, sans doute, il continuât d'aller toujours en décadence, et de dégénérer en un tas de cérémonies, de titres, et de formes extérieures. Le Droit romain, d'autre part, se rencontrait partout en réalité, avec une tendance, non pas à décliner, mais à agrandir son domaine, à augmenter son autorité. Les systèmes de coutumes locales qui s'établirent dès l'abord dans l'Europe nouvelle, trahissent un large ingrédient de Droit romain en mainte portion de leur structure. Plus tard, les auteurs des traités qui prétendent exposer tout ou partie définie des institutions d'un pays quelconque, se trouvèrent emprunter des fragments considérables de livres qui faisaient autorité aux yeux des Romains; et, depuis lors, il semble que nous voyons tout un flot de jurisprudence romaine s'épandre jusqu'aux confins de l'Europe civilisée.

Une seule et même explication ne suffirait pas à rendre compte de ces faits. En de certaines contrées, le Droit romain n'a probablement jamais cessé d'être obéi, et la coutume barbare représentait l'élément étranger des institutions locales. En d'autres, s'est produit le phénomène inverse. La base des institutions, du moins en théorie, demeurait barbare; mais le Droit romain, dont quelques classes gardaient encore la connaissance, s'y trouva rapidement absorbé. Un système de Droit barbare est toujours pauvre; et, s'il arrive en contact avec un système plus vaste et plus riche, la tentation des praticiens d'emprunter à ce dernier finit par devenir irrésistible. Pas plus tard qu'hier, cette opération s'étalait ouvertement dans l'Inde anglaise, où le corps du Droit natif était d'une maigreur extrême. Il y avait des départements entiers d'affaires où l'on ne découvrait aucune règle pour trancher les controverses qui s'élevaient tout naturellement. Et, par suite, la masse du Droit indigène devenait graduellement anglaise par l'infiltration constante de règles empruntées à l'abondance du système voisin. Et cela continua jusqu'au moment ou les nouveaux codes indiens furent progressivement venus remplacer, à la fois, le Droit anglais et le Droit purement indigène. Nous ne devons pas nous figurer néanmoins que le Droit romain se soit fait recevoir des communautés européennes en s'appuyant d'une procédure qui ressemble, même de loin, à notre législation. Dans l'histoire du Droit, il est essentiel de garder toujours en vue que les législatures sont d'apparition très récente dans l'Europe moderne. Le premier effort pour distinguer clairement les pouvoirs législatif et exécutif, les actions législative et exécutive, paraît remonter à un auteur Italien du XIVe siècle. Les corps puissants dont sont issues bon nombre de législatures actuelles, — les assemblées des grands pour aviser et contrôler les rois, — n'étaient pas eux-mêmes de vraies législatures. Ils aidaient, suivant l'occasion, à fabriquer les lois, — mais uniquement parce que la fabrication des lois passait pour une affaire importante, et que le devoir de ces conseils, Parlements ou Etats-généraux, était d'aviser le Roi en toute affaire d'importance. Au fond, la cause de beaucoup la plus influente de l'extension des lois particulières et des systèmes particuliers de Droit sur une aire nouvelle, était l'approbation que leur donnaient les classes lettrées, les clercs, les jurisconsultes, et l'acquiescement du reste de la communauté à l'opinion de ces classes. Lors donc qu'on nous demande en vertu de quelle autorité législative le Droit international a pu se faire adopter, de façon à devenir obligatoire pour telle ou telle communauté particulière, nous pourrions répondre qu'il faut d'abord poser la même question à l'égard de l'extension du Droit romain ou de tout autre système de Droit, qui, avant l'ère des législatures, a montré la même force de propagation spontanée.

Une bonne part du Droit international n'est ainsi que du Droit romain, répandu en Europe au moyen d'une opération tout à fait analogue à celle qui, peu de siècles auparavant, avait permis aux autres parties du Droit romain de s'infiltrer dans les interstices des divers systèmes juridiques de l'Europe. L'élément romain du Droit international appartenait cependant à un département spécial du système romain, celui que les Romains eux-mêmes appelaient le Droit naturel, ou, pour prendre une désignation alternative, le *Jus Gentium*. Dans un livre publié, il y quelques années, sur « l'Ancien Droit, » je faisais cette remarque que, « si l'on excepte le Droit conventionnel ou résultant des traités des nations, on est étonné de trouver la plus grande part du Droit international, formée de Droit romain pur. Chaque fois que les jurisconsultes ont affirmé qu'une doctrine était en harmonie avec le *Jus Gentium*, les publicistes modernes ont trouvé un motif pour l'adopter, lors même qu'elle portait distinctement la marque de son origine romaine (1). » Je dois observer, toute-

(1) [L'*Ancien Droit*, trad. Courcelle-Seneuil. — Paris, Guillaumin, 1874, p. 92.]

fois, que ce respect pour le Droit naturel, en tant que part du Droit romain qui avait le plus de titres à notre vénération, n'est pas né réellement avec les juristes internationaux. L'habitude d'identifier le Droit romain avec le Droit de nature, pour l'élever en dignité, existait de vieille date en Europe. Lorsqu'un clerc ou un jurisconsulte d'une époque antérieure désirait invoquer le Droit romain dans un pays où son autorité n'était pas admise, ou dans un cas auquel on n'accordait pas que le Droit romain s'appliquât, il le désignait sous le nom de Droit naturel. Quand Edouard III d'Angleterre met sous les yeux du Pape un mémoire pour établir ses droits au trône de France, et pour soutenir que les descendants par les femmes peuvent succéder à la propriété ou au trône d'un ancêtre mâle, il se présente comme appuyé par le Droit naturel, bien qu'en fait, la capacité des femmes à transmettre des droits d'héritage à leurs descendants fût du pur Droit romain, d'origine récente, et n'eût aucun lien spécial ou nécessaire avec le Droit de nature.

Mais, encore que les fondateurs du système qui forme la base des règles dont on se sert aujourd'hui pour organiser les rapports des Etats *inter se*, ne fussent pas les premiers à dépeindre le Droit de nature et le Droit des nations, *Jus Naturæ, Jus Gentium*, comme la partie la plus admirable, la plus élevée du Droit romain, ils en parlent avec une précision et une assurance qui étaient choses absolument neuves. Ils le regardent comme très facile à déterminer, si l'on veut employer des procédés convenables, — soit l'autorité formelle des textes du Droit romain, soit une certaine induction reposant sur une grande masse de précédents enregistrés. Ils regardent son appropriation aux affaires internationales comme une découverte de leur crû; et quelques écrivains contemporains parlent même du système comme d'une science nouvelle. Ils ne semblent pas avoir éprouvé plus de doute à l'égard de sa réalité, que n'en éprouvait en Angleterre, par exemple, un homme de loi du Moyen-Age à l'égard de la coutume anglaise, de la *common law*. Il est parfois difficile de savoir avec une absolue certitude comment Grotius et ses successeurs discernaient les règles du Droit de nature des préceptes religieux formulés par des auteurs inspirés. Mais qu'ils établissent une distinction, le fait est clair. Le fameux livre de Grotius, le *De Jure Belli et Pacis*, se compose en grande partie d'exemples fournis par les propos et la conduite de païens, — hommes d'Etat, généraux, souverains, — dont il ne pouvait imaginer qu'ils eussent la moindre connaissance d'enseignements inspirés. Si nous supposons que, dans sa croyance, les actions ou les opinions les plus humaines, les plus vertueuses, qu'il cite, dérivaient d'un instinct hérité des temps plus heureux pour l'espèce humaine, où elle se trouvait plus directement sous l'impression et la direction de l'autorité divine, nous nous trouverions probablement aussi près que possible de son concept. A mesure que le temps marche, il est visible que certaines parties de ce fondement de doctrine ne sauraient tenir. Grotius exagérait grandement l'étendue de l'histoire écrite et, plus encore, l'exactitude de ses récits. La conception même d'où il partait, la conception d'un Droit de nature réel et facile à déterminer, n'a pu résister à l'application de la critique moderne. Aux yeux de chaque observateur successif, la véritable enfance de l'espèce humaine ressemble de moins en moins au portrait qu'en dessinaient les juristes du XVIIe siècle. Elle était excessivement inhumaine en temps de guerre; et, par dessus tout, elle se montrait entichée de technicalités juridiques en temps de paix. Néanmoins, le système appuyé sur cette reconstruction imaginaire calma de plus en plus l'ardeur d'une belligérance furieuse, et fournit un cadre auquel s'ajustèrent aisément des principes supérieurs de convenance et d'humanité.

Les effets du *De Jure Belli et Pacis*, tant au point de vue de son influence générale qu'à l'égard des propositions détaillées qu'il contenait, furent excessivement rapides et se sont montrés des plus durables. Vers le milieu de son règne, Louis XIV de France prit deux mesures qui lui valurent la réputation d'avoir poussé la brutalité de la guerre à son comble. Il dévasta le Palatinat, enjoignant expressément à ses officiers de porter le fer et le feu dans tous les recoins de la province ; et il adressa un avertissement aux Hollandais, avec lesquels il se trouvait en guerre, pour leur déclarer qu'aussitôt les canaux ouverts par la fonte des glaces, il n'accorderait plus de quartier à l'ennemi. La dévastation du Palatinat est passée en exemple proverbial de sauvagerie chez tous les historiens, bien que, cinquante ans auparavant, elle eût été regardée tout au plus comme une mesure très rigoureuse, et qui même aurait pu se défendre. Mais la proclamation aux Hollandais provoqua une explosion d'exécration par toute l'Europe : aussi la menace de refuser quartier n'eut-elle point cours. Le livre de Grotius commençait de se faire sentir; et les successeurs de Grotius nous assurent que ce fut son autorité qui détourna le roi de France, ainsi que ses généraux, d'accomplir l'outrage de leur menace.

Mais nous avons d'autres témoignages du respect qui entoure les détails de son système. Parmi les produits juridiques les plus intéressants de notre âge, se trouvent les manuels des usages de la guerre, qu'un grand nombre d'Etats civilisés publient maintenant pour leurs officiers en campagne. Le manuel préparé pour les Etats-Unis est le premier en date (1). Mais les autres ont suivi, pour la plupart, l'essai de codification des lois de la guerre territoriale, qui fut tenté à la Conférence de Bruxelles en 1874, et dont l'avortement eut pour cause principale les souvenirs laissés par la grande lutte franco-allemande de 1870-71. Quantité de choses sont à remarquer dans cette codification privée; et je me propose de les signaler dans une ou deux des leçons suivantes. Mais le trait le plus singulier peut-être de ces manuels est le nombre

(1) [1863 — Traduit en appendice du *Droit International Codifié* de Bluntschli, par M. C. Lardy, ministre plénipotentiaire de la Confédération suisse. — Paris, Guillaumin].

de règles qu'ils empruntent littéralement au *De Jure Belli et Pacis*, surtout à son troisième livre, pour se les approprier. Si l'on se rappelle ce que Grotius lui-même dit de l'état où se trouvaient les lois et coutumes de la guerre, lorsqu'il commença d'écrire, et si l'on se souvient de ce que nous apprennent les sources historiques des guerres de succession et de religion, nous pouvons bien en croire Vattel, le juriste suisse, contemporain de la guerre de Sept ans et du grand Frédéric, lorsqu'il nous assure que ce qui le frappait le plus, dans les guerres de son temps, était leur extrême mansuétude. Et, quant au degré de mansuétude convenable en temps de guerre, Vattel était un juge d'une suffisante sévérité.

Je termine ici cette leçon d'ouverture. Mais nous rencontrerons encore, au seuil du Droit international, quelques particularités de principe que nous ne saurions passer totalement sous silence. Dans ma prochaine leçon, je me propose d'étudier la force obligatoire du Droit international, et d'aborder à ce sujet une question d'une certaine gravité, sur laquelle les juges d'Angleterre et les autorités juridiques des Etats-Unis ne professent pas des opinions absolument identiques ; j'indiquerai la manière dont j ose penser que l'on pourrait concilier, sur ce point, les diverses nuances de désaccord. Dans les leçons suivantes, nous aurons à considérer quelques-uns des points fondamentaux du système qui nous occupe; et j'espère ensuite vous offrir une esquisse, — forcément succincte, en raison des limites étroites où je dois renfermer ce cours, — des lois de la guerre maritime et territoriale. Finalement, je tâcherai de remplir une partie des obligations que m'imposent les intentions du docteur Whewell, et de déterminer, parmi les moyens proposés de nos jours, ceux qui réussiraient le mieux, ce me semble, à diminuer les maux de la guerre, ou qui pourraient même aider, dans une certaine mesure, à la faire disparaître d'entre les peuples.

II

AUTORITÉ ET SANCTION.

Dans la seconde moitié de notre leçon dernière, je me suis efforcé d'établir trois propositions que je regarde comme d'une extrême importance pour une étude intelligente du Droit international. La première est que la façon dont ce Droit a acquis son autorité sur une grande partie de l'Europe, représente une étape récente du mode d'expansion qui a valu également au Droit romain son autorité sur la même partie du monde, ou peu s'en faut. J'ai dit ensuite que ce mode d'expansion n'offrait guère d'analogie, ou mieux n'offrait aucune analogie, avec ce que l'on entend aujourd'hui par le mot « législation, » et qu'il consistait plutôt dans la réception en bloc d'un corps de doctrine enseigné par des esprits d'une trempe ou d'une éducation spéciale. Enfin, j'ai soutenu que cette doctrine, ainsi répandue par toute l'Europe, se composait surtout de la partie du Droit romain que les Romains eux-mêmes appelaient *Jus gentium* ou *Jus naturæ* — Droit des gens ou Droit de nature, — termes devenus équipollents dans la pratique.

Rechercher le sens exact de l'expression « Droit de nature » appartient à un autre département des études juridiques; et je pense qu'il me suffira de résumer brièvement les idées, déjà fort condensées, que j'avais émises, il y a quelques années, dans un volume dont je vous citais un passage à notre dernière leçon. Le *Jus gentium* ou Droit des gens n'avait pas d'abord, à beaucoup près, — telle était du moins ma pensée, — la nuance d'acception qu'il a reçue par la suite. C'était probablement, disais-je, aussi bien comme mesure de police, qu'à l'effet d'encourager le commerce, qu'une juridiction fut d'abord créée pour les différends qui regardaient soit des étrangers, soit un étranger et un natif. Afin de se procurer quelques principes pour trancher les questions en litige, le préteur pérégrin adopta l'expédient de recueillir les règles de Droit communes à Rome et aux diverses peuplades italiennes d'où les immigrants étaient originaires. En d'autres termes, il se mit à fabriquer un système qui répondait au sens primitif et littéral de *Jus gentium*, c'est-à-dire de *Droit commun à tous les peuples*. Le *Jus gentium* n'était, en fait, que la somme de tous les ingrédients ordinaires aux nombreuses coutumes des vieilles tribus italiennes. Ce fut, en conséquence, un recueil de règles et de principes que l'observation retrouvait communément parmi les institutions en vogue chez les diverses races de l'Italie. Or, il ne faut pas oublier que tout Romain d'un certain rang, qui se lançait dans la vie publique, devenait, au cours de ses fonctions officielles et suivant sa capacité, non seulement homme d'Etat, mais avant tout général et juge. Spéculer sur les principes juridiques devint donc manifestement une occupation habituelle au sein de l'aristocratie romaine; et, par la suite des temps, la question se posa d'elle-même de savoir quelle était la nature essentielle de ce *Jus gentium*, que l'on avait d'abord très probablement regardé comme un simple Droit mercantile. La réponse reçut sa forme de la philosophie grecque, qui était l'étude favorite de la classe à laquelle appartenaient les jurisconsultes romains. A la lumière de la doctrine stoïcienne, le Droit des gens finit par s'identifier avec le Droit de nature, c'est-à-dire avec un certain nombre de règles de conduite hypothétiques auxquelles l'homme obéissait en société, simplement parce qu'il était homme. Ainsi, le Droit de nature n'est que le Droit des gens, vu à la lumière d'une doctrine spéciale. Un passage des *Institutes* romains témoigne que les deux expressions pouvaient se remplacer mutuellement en pratique. La plus haute fonction qu'ait accomplie le Droit de nature, a été de donner naissance au Droit international moderne et au Droit moderne de la guerre.

Je devrais ajouter que, dans cet exposé de la question, il y aurait probablement à formuler une réserve. — Depuis l'époque où j'écrivais mon premier ouvrage, des érudits ingénieux ont examiné les textes; et ils inclinent à penser que, très anciennement, on employait parfois l'expression *Jus gentium* dans un sens plus large, quelque peu analogue au sens moderne, c'est-à-dire celui d'une loi s'imposant aux tribus et aux nations telles quelles. Admettons qu'il en fût ainsi : la conviction que le Droit romain comportait, en tous cas, un système du genre que nous appellerions aujourd'hui international, et que ce système s'identifiait avec le Droit de nature, n'en eut pas moins une influence indéniable, considérable, en permettant de greffer les règles du Droit que les Romains appelaient naturel, sur le Droit moderne des gens. A quelle époque s'évanouit la vieille acception romaine de cette expression? On ne saurait le dire avec certitude, bien que, nécessairement, dans un monde partagé entre deux grandes souverainetés rivales, l'Empereur romain et le Roi de Perse, il n'y eût guère place pour un Droit des gens, au vrai sens des mots.

A quel moment, néanmoins, ce *Jus gentium* ou *Jus naturæ* s'éleva-t-il à la dignité que les juriconsultes romains lui attribuent? Il est fort probable que son exaltation ne remontait pas très loin, et qu'elle eut lieu durant la période d'environ trois cents ans que recouvre la fameuse Paix romaine. Cette paix s'étend depuis l'instant où l'Empire romain fut consolidé par le triomphe d'Auguste sur ses ennemis, jusqu'aux premières années du IIIe siècle. Le Droit romain transforma, sur nombre de points, les idées d'une grande partie du monde; mais sa propre transformation de système technique en système plastique, fut une conséquence de la paix dite romaine. Si nous voulons comprendre la guerre, nous devons étudier la paix, et chercher ce que devient l'esprit humain quand il n'est plus affecté par la guerre. Nous devrions étudier ainsi la paix romaine sous laquelle s'édifia la conception juridique qui préside actuellement aux relations des sexes; sous laquelle s'organisa l'Eglise chrétienne; sous laquelle enfin le vieux Droit des gens ou de nature se transforma en un système idéal, remarquable surtout par la simplicité et la symétrie, jusqu'à devenir un modèle pour les institutions légales de tous nos systèmes juridiques.

La seconde proposition que j'ai soutenue est d'une importance considérable. Elle affirme que le Droit des gens, tel que l'ont façonné les juristes dont il est l'œuvre, s'est répandu par le monde, non point au moyen de la législation, mais en vertu d'un procédé d'origine antérieure. De l'appréciation de cette thèse dépendent non seulement la conception que l'on se forme du Droit de nature et la manière dont on envisage l'application du Droit international, mais encore des conséquences pratiques qui peuvent devenir très graves. C'est ainsi qu'à une date toute récente, l'Angleterre a couru le risque d'adopter une opinion qui l'eût mise à part du monde civilisé, et qui l'eût plongée dans un embarras dont elle n'eût pu sortir que par des idées correctes sur l'objet même dont je parle.

Afin de vous convaincre que l'exigence d'une sanction législative, ou d'une sanction qui émane d'une autorité placée sur le même pied qu'une législature moderne, aurait des suites dangereuses pour le Droit international, je vous engage à comparer le point de vue qu'adoptent ici les hommes politiques et les juristes des Etats-Unis, avec la doctrine où notre pays faillit se voir entraîner, et dont il ne fut protégé que par l'intervention directe du Parlement. Les Etats-Unis méritent, sur ce chapitre, une étude spéciale, parce qu'ils offrent l'exemple d'un peuple jeune, entreprenant délibérément de considérer à quelles obligations nouvelles il s'expose en se déterminant à prendre rang parmi les Etats. L'Italie en serait un second et plus récent exemple; et l'on en signalerait d'autres dans l'Amérique du Sud. Mais ces sociétés diverses, composées de petits éléments territoriaux préexistants, ont subi grandement l'influence de l'exemple donné par l'Union fédérale américaine. On peut recueillir les doctrines professées aux Etats-Unis dans quelques-uns des précieux volumes que le Gouvernement américain vient de publier, et sur lesquels je vais présentement appeler votre attention. Les ouvrages didactiques américains sur le Droit international sont beaucoup moins instructifs que ces ouvrages officiels, à l'égard des points que je veux vous soumettre, parce qu'ils suivent d'habitude l'ordre des topiques adoptés par les vieux auteurs européens. Cependant, je vous citerai un passage d'un des auteurs les plus circonspects et les plus moderés, le chancelier Kent, puis une page d'un écrivain, mort hier malheureusement, et dont les productions sont très appréciées aux Etats-Unis, — M. Pomeroy. Vous ne perdrez pas de vue que le désaccord entre les jurisconsultes anglais et américains porte moins sur la nature du Droit international ou sur son origine, que sur la question de savoir comment, et dans quelle mesure, ses règles sont devenues obligatoires pour les Etats indépendants. Ce sont là des questions que l'on confond trop souvent, ou que l'on traite comme indissolubles, ainsi que vous le verrez clairement par les extraits que je vais vous lire.

« Les auteurs diffèrent depuis longtemps d'opinion quant au principe fondamental du Droit des gens. Quelques-uns le regardent simplement comme un système d'institutions positives, basé sur le consentement et l'usage; tandis que d'autres maintiennent qu'il s'identifie essentiellement avec le Droit de nature, si on applique ce dernier à la gouverne des nations envisagées comme personnes morales, susceptibles de droits et de devoirs. Nous n'adopterons exclusivement ni l'une ni l'autre de ces théories. La partie la plus utile et la plus pratique du Droit des gens représente, sans doute, un Droit institué ou positif, basé sur l'usage, le consentement, et l'entente commune. Mais ce serait une erreur de séparer trop entièrement ce Droit de la jurisprudence naturelle, et de ne pas le regarder comme empruntant beaucoup de sa force et de sa dignité à ces mêmes principes de juste raison, à ces mêmes vues de la nature et de la constitution de l'homme, à cette même sanction de la révélation divine, qui sont déjà les sources de la science morale.

« Il existe un Droit des gens naturel et un Droit des gens positif. En vertu du premier, chaque Etat, dans ses relations avec les autres Etats, est tenu de conformer sa conduite à la justice, à la bonne foi, à la bienveillance; et cette application du Droit de nature est celle que Vattel désigne sous le nom de Droit des gens nécessaire, — parce que les nations sont tenues de l'observer, de par le Droit de nature. Et c'est ce que d'autres appellent le Droit des gens interne, parce qu'il est pour tous les peuples obligatoire en conscience.

» Nous devrions donc éviter de séparer la science du Droit public de la science morale, et ne pas encourager l'idée dangereuse que les gouvernements sont tenus moins strictement des devoirs de vérité, de justice et d'humanité, dans leurs rapports avec les autres puissances, qu'ils ne le sont dans la poursuite de leurs propres intérêts locaux. Les Etats, ou corps politiques, doivent être considérés comme autant de personnes morales, ayant une volonté publique, capables et libres de faire le bien ou de commettre le mal, en tant qu'ils représentent des agrégations d'individus, dont chacun demeure, au service de la communauté, sous les mêmes lois impératives de morale ou de religion qui devraient régler sa conduite dans la vie privée. Le Droit des gens est un système complexe formé d'ingrédients divers : il se compose de principes généraux de Droit et de justice, non moins applicables au gouvernement des individus en leur état d'égalité naturelle, qu'aux relations et à la gouverne des peuples ; puis, d'une collection d'usages, de coutumes, ou d'opinions, produits de la civilisation et du commerce; enfin, d'un code de Droit positif.

» A défaut de règles appartenant à cette dernière classe, les rapports mutuels et la conduite des nations doivent se gouverner d'après des principes ouvertement déduits des droits et devoirs des peuples, ou de la nature de l'obligation morale; aussi pouvons-nous, comme nous y autorisent les jurisconsultes de l'antiquité, avec quelques-uns des premiers maîtres en Droit public de l'Ecole moderne, fonder l'obligation morale des peuples et celle des individus sur des terrains identiques, et considérer les morales individuelle et nationale comme des parties d'une seule et même science. Le Droit des gens, dans la mesure où il s'appuie sur les principes du Droit naturel, s'impose également à toutes les époques, et à toute l'humanité. Mais les nations chrétiennes de l'Europe, ainsi que leurs descendants de ce côté de l'Atlantique, par l'immense supériorité de leurs conquêtes en fait d'arts, de sciences et de commerce, aussi bien qu'en matière politique et gouvernementale, mais surtout par la lumière plus éclatante, par la vérité plus certaine, par la sanction mieux définie dont le Christianisme a fortifié la jurisprudence morale des anciens, ont établi un Droit des gens qui leur est propre. Elles forment une communauté de peuples unis par la religion, les mœurs sociales, la morale, l'humanité, la science, — unis aussi par les avantages mutuels, les rapports commerciaux, l'habitude de conclure entre eux des alliances ou des traités, d'échanger des ambassadeurs, d'étudier et d'adopter les mêmes auteurs et les mêmes régimes de Droit public (1). »

« Ce *Jus gentium* des jurisconsultes impériaux s'identifie avec le Droit de nature ou Droit naturel qu'enseignent nombre de moralistes ou de jurisconsultes modernes; et tous deux formulent, en réalité, la loi de Dieu, portée, — de tout temps et d'une façon plus ou moins obscure, — à la connaissance de toute la race humaine; puis exposée, avec une certitude à laquelle nul ne peut se méprendre et avec une puissance transcendante, par la révélation de Sa volonté. C'est, à vrai dire, la loi la plus haute qui puisse gouverner des êtres moraux; la plus haute par son Législateur, qui exerce une omnipotence sur chaque individu non moins que sur les sociétés et sur les Etats; la plus haute par l'absolue perfection des règles qu'elle proclame; la plus haute par l'empire absolu

(1) [*Commentaries on American Law*, 13e édition. Boston, 1884, t. I, leçon Ire, pp. 2-5.]

des ordres qu'elle donne; la plus haute par l'obligation absolue des devoirs qu'elle impose; la plus haute par l'absolue certitude, l'irrésistible puissance des sanctions qu'elle inflige, et qui affectent, jusqu'au plus profond de sa nature spirituelle, tout être humain (1). »

Vous devez sentir clairement, j'imagine, que les auteurs qui adhèrent à ces opinions ne s'inquiéteront probablement guère de savoir d'où vient la force impérative du Droit international. Si le Droit des gens oblige les Etats considérés comme personnes morales, à raison de sa filiation du Droit de nature ou du Droit divin, les Etats en parfaite santé morale s'y référeront comme les individus se réfèrent à la morale du Décalogue. En somme, la question telle que l'exposent Kent, et Pomeroy avec moins de circonlocutions, relève simplement de la morale; et toute exigence de sanction législative doit être écartée. Revenons maintenant aux quatre volumes du Digeste international américain, publiés par le docteur Francis Wharton. L'ouvrage, intitulé *Digeste du Droit International des Etats-*

(1) [John Norton Pomeroy, *Lectures on International Law*. Boston et New-York, 1886].

Unis (1), se compose de documents relatifs à la matière, émanant des divers Présidents ou Secrétaires d'Etat, et de décisions des Cours fédérales, ainsi que d'opinions d'Attorneys-généraux. Entre autres propositions formulées dans ces volumes, vous remarquerez les suivantes, toutes acceptées, d'ailleurs, par le Gouvernement fédéral américain.

« La Loi des Etats-Unis ne devrait jamais, s'il se peut, s'interpréter de manière à transgresser les principes et les usages communs des nations, non plus que les doctrines essentielles du Droit international. Même en matière d'affaires municipales, la loi doit être rédigée de telle sorte qu'elle se conforme au Droit des gens, à moins que le contraire ne soit formellement prescrit. Un Acte du Congrès fédéral ne devrait jamais s'interpréter de façon à violer le Droit des gens, tant qu'une autre interprétation demeure possible; et l'interprétation ne devrait pas davantage violer les droits neutres ou affecter le commerce neutre, plus qu'il n'est permis par le

(1) [*A Digest of the International Law of the United States, taken from Documents issued by Presidents and Secretaries of State, and from Decisions of Federal Courts and Opinions of Attorneys-General.* Edited by Francis Wharton. — Washington, 1886. 3 vol.]

Droit des gens tel que l'entend notre pays. » — Et encore : « Le Droit des gens fait partie du Droit municipal des divers Etats. Les relations des Etats-Unis avec les nations étrangères, et leur politique à l'égard de celles-ci, se trouvant confiées par la Constitution aux mains du Gouvernement fédéral, ses décisions à ce sujet doivent se conformer aux principes universellement reconnus du Droit international obligatoire pour tout le monde. Le Droit des gens, à la différence du Droit municipal étranger, n'a pas besoin d'être prouvé positivement. Le Droit des gens fait partie intégrante des lois du pays. Chaque nation, dès qu'elle est admise, sur sa demande, dans le cercle des gouvernements civilisés, doit comprendre qu'elle ne s'élève pas seulement aux droits de souveraineté, qu'elle n'acquiert pas seulement la dignité d'un caractère national, mais qu'elle s'engage en outre à la stricte et fidèle observance de tous les principes, lois, et usages qui ont cours chez les Etats civilisés, et qui ont pour objet l'adoucissement des maux la guerre. Le Droit international se fonde sur la raison et la justice naturelles, sur les opinions d'écrivains d'une sagesse notoire, enfin sur la pratique des peuples civilisés. »

Vous voyez ici que, d'après la doctrine américaine, le Droit international prend le pas à la fois sur la loi fédérale et sur la loi municipale, sauf dans le cas exceptionnel où la loi fédérale s'en est délibérément écartée. Les jurisconsultes américains le regardent comme occupant à beaucoup près, vis-à-vis de la loi de l'Union et des Etats particuliers, la même position que la Constitution fédérale. Et tel est, sans doute, le motif pour lequel tant d'ouvrages de Droit, célèbres en Amérique, s'ouvrent par la discussion du Droit constitutionnel et du Droit international, — le Droit international gardant en somme la préséance sur le Droit constitutionnel.

Le principe sur lequel reposent ces théories américaines de Droit international, est, je crois, suffisamment clair. Les politiques et les jurisconsultes des Etats-Unis ne regardent point le Droit international comme obligatoire pour leur pays, de par l'intervention d'une législature. Ils n'imaginent pas qu'il soit de la nature de cet usage immémorial « à l'encontre duquel ne va point la mémoire de l'homme. » Ils envisagent ces règles comme partie intégrante des conditions originelles, moyennant lesquelles un Etat se fait accepter dans la famille des nations civilisées. Cette idée, bien qu'elle ne soit formulée nulle part explicitement, ne diffère pas au fond de celle que partagent les fondateurs du Droit international; et, de fait, elle représente la doctrine à laquelle se soumettent, en la considérant comme une base assez solide pour des inductions futures, les gouvernements ainsi que les jurisconsultes des communautés souveraines et civilisées d'aujourd'hui. Si les publicistes des Etats-Unis avaient à l'exposer sous une autre forme, ils diraient probablement que l'Etat qui décline l'autorité du Droit international, se met, par là même, hors le cercle des peuples civilisés.

Il est, toutefois, une communauté qui a failli, dans une conjoncture délicate, se trouver en complet désaccord avec l'opinion américaine et les hypothèses qu'elle implique. C'est notre pays, la Grande-Bretagne. Dans un cas célèbre, qui ne date que d'hier, les juges anglais ont appuyé leur décision, — à la majorité d'une seule voix, il est vrai, — sur un principe tout différent; et il n'a fallu rien moins qu'un Acte spécial du Parlement pour rétablir l'autorité du Droit international sur le pied où le reste du monde l'avait installé déjà. L'affaire était d'une haute importance et d'un vif intérêt. Elle fut plaidée en Angleterre devant tous les juges réunis de la Cour d'appel criminel. On la connaît sous le nom d'affaire de la Reine contre Keyn (*Queen v. Keyn*); mais on l'appelle plus vulgairement l'affaire du « *Franconia* (1). » — Le « *Franconia*, » navire allemand, se trouvait commandé par un sujet allemand, nommé Keyn. Dans un voyage de Hambourg aux Indes Occidentales, à moins de deux milles et demi de la baie de Douvres, et à moins de deux milles de l'extrémité du môle de l'Amirauté, le *Franconia*, par la négligence de Keyn, — du moins suivant le verdict du jury, — aborda le navire anglais « *Strathclyde*, » le coula, et causa la mort d'un de ses passagers. Keyn fut jugé pour homicide et condamné par la Cour criminelle centrale; mais alors la question s'éleva de savoir s'il avait commis une faute appartenant à la juridiction des tribunaux anglais.

Le point sur lequel tournait la controverse était celui-ci. Tous les auteurs de Droit international accordent qu'une certaine étendue de mer, à l'entour d'un pays, doit être, en quelque mesure, considérée comme appartenant au pays dont elle baigne la côte. Il existe entre eux des divergences d'opinion quant à la limite exacte où s'étendent les eaux territoriales que l'on re-

(1) *Reports*, Exchequer Division, t. II, p. 63.

garde comme prolongeant le sol d'un pays. En tout cas, la doctrine, si vraiment elle paraît légitime, doit avoir été empruntée, à un moment ou un autre, par les tribunaux et les juristes anglais, aux autorités internationales. Avant l'apparition du Droit international proprement dit, on suivait en Angleterre une loi différente. La grande autorité judiciaire maritime était alors l'Amiral d'Angleterre, dont la juridiction s'étendait sur tous les sujets britanniques et sur toute autre personne à bord d'un navire britannique en pleine mer. Si la doctrine des juristes internationaux devait prévaloir aujourd'hui, il fallait qu'à un moment quelconque un changement se fût produit dans la loi; et l'embarras était de convenir si l'on pouvait présumer un pareil changement, et par quel intermédiaire il avait pu s'effectuer. Les juges se partagèrent presque également sur ce point, qui est fondamental, car il affecte du tout au tout l'idée que l'on doit se faire de l'autorité du Droit international chez les Anglais. Finalement, il fut décidé, à la majorité des juges, que l'on n'invoquait point d'autorité suffisante pour la réception, dans ce pays, de la doctrine dite internationale (1). Mais

(1) [13 nov. 1876].

il ne fut pas contesté que cette doctrine était celle de la majorité des Etats; et l'inconvénient de suivre une règle pour l'Angleterre, puis une autre pour le monde civilisé, se montrait si palpable, que le Parlement intervint en dernier ressort, et passa, en 1878, ce que l'on appelle l'Acte des Eaux Territoriales (*Territorial Waters Act*) (1), en vertu duquel la juridiction des tribunaux qui ont hérité la juridiction de l'Amiral d'Angleterre, fut déclarée s'étendre, conformément à la règle du Droit international, jusqu'à trois milles au large de la côte anglaise. Dans le cours du délibéré, qui fut extrêmement approfondi, curieux et intéressant, Lord Coleridge, l'un des membres de la minorité, s'exprima dans ces termes :

« Mes collègues Brett et Lindley ont montré que, de l'aveu de beaucoup d'écrivains, et sans une seule autorité contraire, une partie des eaux territoriales d'un pays doit, à de certains égards, être considérée comme appartenant au pays dont elle baigne la côte. Je suis, en outre, de leur avis que les petites divergences constatées chez ces écrivains sur la limite précise des

(1) [Loi du 16 août (41 et 42, Vict. c. 73). — Cf. *Annuaire de la Soc. de Législation Comparée*, 1879, p. 69-73].

eaux territoriales qui relèvent d'un pays, — divergences après tout minimes, au moins depuis Grotius, — n'importent guère en la question, puisque tous adoptent le principe que les eaux, jusqu'à un certain point au large du terrain découvert par la plus basse mer, appartiennent à leurs pays respectifs, — pour des motifs de raison, sinon de nécessité; — et que ces eaux leur appartiennent au même titre que leur propre territoire, en pleine souveraineté ou propriété, de sorte que l'autorité de la France ou de l'Espagne, de la Hollande ou de l'Angleterre, est la seule reconnue sur les eaux adjacentes à ces divers pays. Ce fait est aussi solidement établi, de par la nature même des choses, que peut l'être toute autre proposition du Droit international ou des lois internationales. Strictement parlant, l'expression « loi internationale » est inexacte et peut induire en erreur, si l'on ne garde pas toujours en vue son manque de justesse. Une loi implique un législateur, en même temps qu'un tribunal capable de l'imposer aux transgresseurs par la contrainte. Or, il n'existe point de législateur commun pour les Etats souverains; et aucun tribunal n'a le pouvoir de les obliger par ses arrêts ou de les contraindre s'ils commettent une transgression. La

« loi des nations » est simplement le recueil des usages que les Etats civilisés s'accordent à observer dans leurs rapports mutuels. Quant à vérifier ces usages, et à savoir si tel ou tel d'entre eux, notamment, n'est pas reçu d'un commun accord, ce n'est ici qu'une question de témoignage. Les traités et les actes officiels ne sont qu'une preuve de l'entente qui règne entre les nations, et n'obligent point *par eux-mêmes* les tribunaux, du moins ceux de notre pays. L'unanimité des juristes ne les obligerait assurément pas davantage. Mais leur assentiment est une marque de l'accord des peuples sur les objets internationaux; et lorsque ces objets se présentent, les Cours anglaises doivent donner suite à cet accord international, comme à une partie quelconque de la loi anglaise (1). »

Le Lord Chef Justice Cockburn, d'autre part, après avoir pesé tout au long les opinions de trente écrivains de pays différents, et après avoir commenté minutieusement les divergences qui les séparent, ajoutait la remarque suivante. « Se peut-il qu'une partie de la pleine mer ait été convertie en territoire britannique, sans le moindre concours du Gouvernement ou de la

(1) *Reports*, Exch. Div., t. II, p. 153.

Législature — par la simple déclaration d'auteurs étudiant des questions de Droit public, — ou même par l'assentiment de nations étrangères? Et lorsque, pour appuyer cette thèse, ou la doctrine générale sur la zone des trois milles, on invoque la déclaration d'auteurs de Droit international, ne pouvons-nous bien nous demander sur quelle autorité se base cette déclaration? A quel moment et de quelle manière les nations que doit intéresser la règle ainsi formulée par des écrivains qui se suivent les uns les autres, ont-elles signifié qu'elles y adhéraient? Encore ne parle-t-on point de la difficulté que l'on éprouverait à établir en faveur de laquelle de ces opinions contradictoires aurait été donné leur assentiment (1). »

Il semblerait donc, d'après les autorités que je viens de citer, que, chez les deux grands peuples de langue anglaise, l'un issu de l'autre, règnent deux, et peut-être trois, opinions sur la force obligatoire du Droit international pour les Etats particuliers. Les gens de loi et les hommes politiques des Etats-Unis regardent l'acceptation du système international et l'obéissance à ses règles, comme des devoirs qui s'im-

(1) *Ibid.*, p. 202.

posent à toute souveraineté indépendante, par cela seul qu'elle est admise dans le cercle des gouvernements civilisés. Parmi les juges anglais, Lord Coleridge considérait que l'assentiment d'une nation est nécessaire pour la soumettre au Droit international. Mais, dans le cas de la Grande-Bretagne et de toutes les autres puissances européennes civilisées, cet assentiment aurait été donné soit par acte formel, soit par déclaration expresse, soit, en tout cas, par défaut de protestation. Enfin, le Lord Chef Justice Cockburn, tout en acceptant la thèse que le Droit international devient obligatoire pour les Etats qui adhèrent à ses clauses, pensait manifestement que cette adhésion devait être témoignée par un acquiescement de l'Etat en sa qualité de souverain, au moyen de quelque acte public que sa constitution reconnût comme dûment qualifié pour valider une loi nouvelle ou une nouvelle doctrine juridique : — c'est-à-dire, pour la Grande-Bretagne, par Acte du Parlement, ou par la déclaration formelle d'une Cour de justice. Les deux opinions que j'ai citées d'abord, celle qui revient à chaque page du Digeste américain, et celle de Lord Coleridge, — bien que les termes dont ils se servent tous deux soient légèrement inexacts, et même, dans l'un des cas, un peu trop métaphoriques, — expriment, ce me semble, la doctrine universelle du monde civilisé, hors la Grande-Bretagne, et seraient plus conformes aux développements historiques que je vais, tout à l'heure, vous exposer. D'un autre côté, l'opinion du Lord Chef Justice Cockburn, devant laquelle doivent naturellement s'incliner les juges anglais, toujours absorbés dans leur mission d'interpréter et d'appliquer les lois de notre pays, eût causé les plus graves ennuis si on l'eût déclarée partie intégrante de la loi anglaise. Elle revient à soutenir, en pratique, que les règles internationales n'auraient pu s'importer dans notre système que par l'un des procédés modernes usités pour le changement de nos institutions. Il aurait, en ce cas, fallu montrer que chaque prétendue règle du Droit international avait été greffée, une à une, sur notre organisme légal par la législation du Parlement, — ou par la législation, dans une certaine mesure alternative, des Cours anglaises, — ou par la conformité de cette règle avec quelque usage susceptible de preuve; et l'on eût substitué de la sorte, à un régime très simple, un régime d'une extrême complexité.

La question directement soumise à la Cour d'appel criminel en Angleterre, ne saurait se représenter à l'avenir, depuis le vote de l'Acte sur les Eaux territoriales. Mais on peut imaginer, sinon regarder comme fort probable, que nous n'avons pas encore le dernier mot sur la question plus générale de principe. Je puis dire qu'à mon sens la solution de la difficulté ne se trouvera que par la méthode historique. Comme je l'ai soutenu bien des fois, les systèmes juridiques ne se sont pas toujours répandus sur les pays où maintenant ils règnent, au moyen de ce que nous appelons une législation. Au temps jadis, — et pour une bonne mesure, même de nos jours, dans cet Orient du monde où survivent encore tant d'usages de l'humanité primitive, — les systèmes religieux ainsi que les doctrines morales, impliquant d'ordinaire aussi quelque régime juridique, obtiennent cours de par leur propre influence. Certains esprits, naturellement prédisposés à les recevoir, leur accordent une adhésion qui va jusqu'à l'enthousiasme. Le juge Stephen, dans son ouvrage de controverse intitulé *Liberté, Egalité, Fraternité*, s'exprime sur ce point avec une grande éloquence :

« Les sources de la religion demeurent cachées loin de nous. Tout ce que nous savons, c'est qu'à mainte reprise, dans le cours des âges, quelqu'un s'efforce de transcrire la mélodie qui obsède des millions d'oreilles. Çà et là, quelqu'un s'en empare, et la répète jusqu'à ce qu'elle éclate dans un chœur formidable où se noient toutes les dissonances, et qui contraint les masses rebelles à la musique de lui prêter attention. Ce ne sont point là des effets qui se produisent à la suite d'observations voulues ; mais lorsqu'ils surviennent, ils emportent comme un torrent et précipitent dans la direction qu'ils suivent, toutes les lois et coutumes des peuples qu'ils affectent (1). »

Ce que l'on dit ici de la religion n'est pas moins vrai, dans une certaine mesure, de la morale. En Orient, tout régime nouveau d'idées morales est sûr d'engendrer, à son heure, un nouvel ordre d'idées légales. Et ceux qui connaissent le mieux l'Inde, de même que ses indigènes, assurent que les esprits actifs, éclairés, s'y font une occupation favorite de rédiger ce qu'à défaut d'une désignation meilleure, nous sommes forcés d'appeler un code, — bien que, naturellement, dans un pays qui professe aujourd'hui sur une grande échelle la morale (sinon la foi)

(1) [*Liberty, Equality and Fraternity*. Londres, Smith, Elder, 2e éd., 1874, pp. 68-69.]

de l'Europe chrétienne, et qui reçoit ses lois nouvelles d'une Législature régulièrement constituée, l'enthousiasme pour les innovations morales devienne de plus en plus faible, et que la demande de règles légales conformes à ces innovations aille en diminuant. Or, le Droit international figurait un code au même sens que beaucoup de recueils orientaux où se collectionnaient les règles d'autrefois. Il s'appuyait sur une moralité nouvelle, celle que l'on avait découverte dans le prétendu Droit de nature; et chez quelques esprits, il ne tarda pas d'exciter un enthousiasme sans limite.

La même filière s'était trouvée suivie précédemment, en Europe, à l'égard du Droit romain. Nous pouvons ne plus comprendre toute l'admiration qu'inspirait autrefois la partie technique des lois romaines; pourtant le fait même ne saurait être mis en doute. Les procédés au moyen desquels les lois s'étendent ainsi de par leur propre vertu, n'étaient pas encore absolument tombés en désuétude, lorsqu'apparurent les juristes internationaux; et, somme toute, leur système juridique fut reçu dans le monde à beaucoup près comme le serait de nos jours en Orient un système de Droit basé sur la morale. Il rencontra, certainement, un sol favorable. Les classes lettrées, les érudits, les fractions importantes du clergé, ainsi que les souverains et les hommes politiques de l'Europe, l'acceptèrent incontinent; et ceci eut pour conséquence d'atténuer instantanément les pires horreurs de la guerre. D'ailleurs, il suffit d'un coup d'œil sur les plus anciennes autorités du Droit international, sur le *De Jure Belli et Pacis* de Grotius, par exemple, pour constater que le Droit des gens est essentiellement moral, et, jusqu'à un certain point, religieux. Grotius fait presque aussi souvent appel à la morale et à la religion qu'aux simples précédents; et, sans doute, ce sont précisément les passages de son livre, devenus aujourd'hui pour nous des lieux communs, ou peu concluants en apparence, qui lui valurent une grande partie de l'autorité qu'il acquit, en définitive, par la suite.

L'objet des leçons présentes sera donc d'exposer, aussi succinctement que possible, les chapitres du Droit international dont l'influence me semble raisonnablement assise pour l'avenir. Mais, avant de poursuivre cette partie de mon cours, je ne crois pas devoir passer sous silence certaines critiques contre la base même du Droit international, qui ont fait leur apparition tout récemment et qui ont, je le crains, une légère tendance à se multiplier. Les critiques auxquelles je fais allusion sont, à mon sens, une marque singulière de la grande vogue accordée de nos jours au traité de John Austin sur la Délimitation de la Jurisprudence (1). Elles n'offrent, au surplus, dans une proportion considérable, qu'une réédition des thèses de cet auteur. On exagère souvent aujourd'hui les intentions d'Austin dans cet ouvrage classique. Il voulait, après avoir analysé les diverses conceptions que le mot « Loi » comporte en ses différents sens, essayer d'en choisir une qui rendit possible les généralisations juridiques. Son projet ultime semble avoir été d'opérer un réarrangement scientifique du Droit sous forme de Code. Par malheur, on n'a presque rien tenté jusqu'à présent, sauf peut-être dans l'Empire d'Allemagne et dans l'Inde, pour exécuter ce plan. Mais, sans doute, Austin aura quelque peu contribué à la codification finale du Droit positif, en bornant ses recherches aux diverses conceptions subordonnées qui forment la Loi ou le Droit ainsi compris. Très probablement, vous connaissez

(1) [*The Province of Jurisprudence Determined*. Nouvelle édit. Londres, Murray, 1875].

pour la plupart sa théorie fondamentale, qu'en tout pays, il est une portion de la communauté qui peut contraindre le reste à faire exactement ce qui lui plaît. C'est là ce qu'Austin appelle le « Souverain, » mot dont il est urgent de remarquer, dès l'abord, qu'on le prend ici dans un sens différent de celui où l'emploient les auteurs classiques du Droit international. Au point de vue d'Austin, le Droit international ressemblait plus à la morale qu'à une loi. Il tirait surtout sa force de la désapprobation des actes commis en violation de ses préceptes; mais on ne pouvait jamais le résoudre en un ordre émané d'un souverain.

Dans ma prochaine leçon, je comparerai le mot « Souveraineté, » au sens où l'emploient Austin et l'école dite analytique, avec son acception en Droit international; et je m'arrêterai particulièrement aux droits que les jurisconsultes internationaux affirment découler logiquement, sur terre et sur mer, de leur conception de la Souveraineté.

J'ai signalé déjà comme fort intéressantes et très inoffensives les critiques d'Austin contre le Droit international, dans son livre sur « les Limites du Département de la Jurisprudence. » Cependant, on en expose quelquefois les effets comme si elles témoignaient, chez Austin, de l'intention d'amoindrir, et comme si d'ailleurs elles avaient fini par amoindrir la dignité ou la puissance impérative du Droit international. Ici, l'on doit observer qu'une acception quelconque du mot « loi » est tout aussi bonne, tout aussi élevée qu'une autre, pourvu seulement que l'on s'en serve avec consistance. En philosophie, le sens le plus fréquent du mot « loi » est celui où le prennent des écrivains tels que l'auteur du livre intitulé *Le Règne de la Loi* (1). Il n'est pas de terme plus précieux ni plus élevé que celui de « loi », si on l'emploie de la sorte. Ce qu'il nous faut, c'est garder toujours dans notre esprit cette acception toute spéciale du mot « loi » distincte des autres acceptions. Il est très utile, lorsque nous prenons pour sujet de nos spéculations le Droit positif, de nous rappeler que le Droit international n'a que des liens très fragiles avec lui, et qu'il offre moins d'analogie avec les lois, qui sont les ordres des souverains, qu'avec les règles de conduite, qui, indépendamment de leur origine, s'imposent, en grande mesure, par l'effet de la désapprobation qui suit leur négligence. Ce qu'il importe surtout de retenir,

(1) [*The Reign of Law*, by the Duke of Argyll. Londres, 1867.]

ce sont les points de contact qui *existent* réellement entre le Droit international et le Droit positif.

Ici, je ne puis m'empêcher de noter combien tend à se répandre de nos jours une grave méprise sur la nature humaine. Austin décomposait la loi en un ordre qu'un souverain adresse à son sujet, et qui s'impose toujours par une sanction ou pénalité créant un devoir impératif. Le seul ingrédient important que cette analyse mette en évidence est la sanction. Austin a prouvé, non sans quelque exagération de langage, que la sanction se rencontre partout dans le Droit positif, civil, ou criminel. Tel est, au total, le grand œuvre qu'il aura parachevé. Mais quelques-uns de ses disciples induisent, ce me semble, de son langage, que les hommes obéissent toujours aux règles établies, par crainte d'un châtiment. Or, ceci est en réalité tout à fait inexact; car, à la plupart de ces règles, les hommes obéissent inconsciemment, par pure habitude d'esprit. Quelquefois, il est vrai, les hommes obéissent par crainte du châtiment qui leur serait infligé, s'ils violaient la règle. Mais, comparée à la masse des individus qui forment chaque communauté, cette classe est très restreinte, — probablement, elle se restreint en substance à ce que l'on appelle les classes criminelles ; — et, pour un homme qui hésite à voler ou assassiner devant l'appréhension du châtiment, il doit y en avoir des centaines ou des milliers qui s'abstiennent sans même se donner un instant la peine de réfléchir à ce sujet. Des causes aussi nombreuses que diverses ont pu engendrer cette habitude d'esprit. L'éducation première y entre certainement pour beaucoup ; les croyances religieuses y entrent aussi pour une bonne part ; il est très possible, il est même vraisemblable, que, dans un très grand nombre de cas, c'est un sentiment hérité, né du respect obligatoire des lois imposées par l'Etat, ou les organes de l'Etat, pendant une longue durée de siècles. Par malheur, il est prouvé, de nos jours, que cette habitude peut être facilement détruite — du moins à l'égard du Droit positif, civil, et criminel — par une connivence en vue de violer la règle. Et ceci témoignerait, dans une certaine mesure, que l'habitude remonte bien loin, aux temps où la loi criminelle s'imposait rigoureusement.

Ce qu'il nous faut observer ici, c'est que les fondateurs du Droit international, s'ils n'ont pu créer une sanction, ont créé du moins un sentiment d'obéissance à la loi. Ils ont répandu chez les souverains, et dans les classes lettrées de chaque communauté, une vive répugnance pour le mépris ou l'infraction de certaines règles qui gouvernent les relations et les actes des Etats. Ils n'ont pas atteint ce but à force de menaces ou de châtiments, mais en employant la méthode alternative et plus ancienne, depuis longtemps connue en Europe et en Asie, qui consiste à créer un sentiment intense d'approbation en faveur d'un certain ordre de règles. Il est absolument vrai que, parmi les raisons apportées par Grotius à l'appui du Droit international, il en est qui ne se recommanderaient pas d'elles mêmes, si elles se présentaient pour la première fois à l'esprit. Mais il ne sert pas de remonter trop loin dans les origines du Droit pour y chercher ses raisons d'être. Les commencements du Droit anglais se retrouvent en grande partie dans nos Rapports annuels (*Year Books*). Cependant on pourrait avouer, sans trop d'impertinence, que plus d'un motif exposé dans ces annuaires pour telle ou telle règle aujourd'hui reçue, se mélange d'une forte dose de non-sens. Les raisons originelles pour les règles internationales peuvent être un non-sens au même degré. Souvent, elles nous paraissent vulgaires; souvent, elles sont ampoulées; souvent, elles sont empêtrées de vieilleries morales, ou d'opinions qui se déduisent de précédents inutiles; et, d'autre part, souvent, elles se donnent l'air de savoir discerner le bon plaisir divin, sur tel point délicat, avec une aisance que les idées du temps présent ne sauraient admettre. Quant à leur utilité, c'est un fait à décider par l'expérience; et l'expérience a, somme toute, prononcé formellement en leur faveur.

Toutefois, le Droit international n'est pas sans offrir en même temps quelques défauts réels que l'on peut attribuer à la différence qui existe entre ce Droit et le Droit positif, ainsi qu'à l'absence du mécanisme au moyen duquel le Droit positif se développe. Le Droit international n'a pas été promulgué par une législature; il souffre même encore du manque de législature régulière pour se développer ou s'améliorer. Il continue de progresser d'après la méthode surannée qui consiste à laisser un auteur commenter un autre auteur, sans que rien garantisse la compétence ou l'autorité de l'écrivain, sauf un mouvement d'opinion très vague. Il existe vraiment des auteurs qui, par la confusion de leurs idées, ou par leurs préjugés naturels, méritent le reproche implicite du docteur Whewell, d'avoir plutôt encouragé que diminué le risque et les maux de la guerre. Le Droit international souffre aussi d'un manque de méthode pour déclarer impérativement sa teneur en quelques-unes de ses branches; et, par-dessus tout, il souffre de n'avoir aucune procédure pour imposer ses règles au delà de la guerre, ou des menaces de guerre. Ce sont là des inconvénients réels, et souvent même terribles, pour l'efficacité du Droit international. Un professeur ne saurait les négliger dans son enseignement. Je me propose de les examiner avant la fin de ce cours, — mais pas immédiatement, — et de considérer si l'expérience progressive de l'humanité civilisée ne nous conseillerait point quelques nouveaux remèdes, ou quelques moyens plus pratiques d'imposer de force les remèdes anciens.

III

DE LA SOUVERAINETÉ D'ÉTAT.

Je me propose aujourd'hui d'aborder avec vous un ensemble de questions qui relèvent d'un sujet remarquable par son intérêt et sa portée, — la souveraineté d'Etat sur terre et sur mer. Je vais d'abord vous donner une définition de la souveraineté propre à satisfaire amplement, je pense, les juristes de nos jours. Je l'emprunte à l'excellent livre de feu M. Montague Bernard, intitulé : *La Neutralité de la Grande-Bretagne pendant la Guerre Civile d'Amérique* (1). » Il s'agit d'une définition *primaire* de l'Etat souverain. — « Par Etat souverain, » dit M. Bernard, « nous entendons une communauté, un

(1) [*The Neutrality of Great Britain during the American Civil War*, Londres, 1870.]

certain nombre de personnes organisées d'une façon permanente, sous un gouvernement souverain qui leur soit propre. Et, par gouvernement souverain, nous entendons un gouvernement qui exerce, quelle que soit d'ailleurs sa constitution, le pouvoir d'édicter et d'imposer la loi à l'intérieur d'une communauté, sans être lui-même sujet d'aucun gouvernement supérieur. Ces deux facteurs, l'un positif, l'autre négatif, — l'exercice du pouvoir et l'absence de contrôle supérieur, — constituent la notion de souveraineté, et lui sont essentiels. »

Il est nécessaire d'observer que cette conception de la souveraineté a subi plus d'un changement, avant de devenir susceptible de se formuler de la sorte. L'idée que se font de la souveraineté les premiers juristes internationaux des XVIe et XVIIe siècles, me paraît empruntée au Droit romain. C'est, en définitive, l'idée de *Dominium*, — domaine, propriété. Nous ne nous tromperions guère en affirmant que ces auteurs regardent le monde civilisé comme une étendue de terrain répartie entre un certain nombre de propriétaires à la romaine. Bon nombre de leurs expressions dérivent immédiatement du Droit romain; et, comme d'usage, elles dérivent plus particulièrement des règles du système romain que les Romains eux-mêmes croyaient identiques à celles du Droit de nature. Par là s'expliquent quantité de principes fondamentaux. Par exemple, tous les Etats, en Droit international, sont considérés comme égaux. Ainsi que le remarquait un écrivain du siècle dernier, la Russie est censée l'égale de Genève, de même que l'on regarderait comme égaux devant la loi, un groupe de propriétaires romains. — En outre, le Droit international n'accorde d'égards qu'aux souverains proprement dits. Il ne s'intéresse à aucune autre partie de la communauté, pas plus qu'un tribunal romain ne s'intéressait aux esclaves et aux affranchis d'une propriété romaine. — Je crois aussi que ces juristes imaginent, en somme, le souverain comme un personnage individuel. Il est vrai qu'ils appartenaient en si grand nombre aux quelques républiques d'alors, notamment aux Provinces Unies des Pays-Bas, qu'ils devaient sentir, naturellement, la nécessité d'envisager parfois le souverain sous une forme corporative. Mais, au total, l'idée qui sert de base à leur thèse est que le souverain s'incarne dans une femme. Après quoi, ces mêmes légistes considèrent le souverain comme propriétaire absolu, et non pas seulement seigneur suzerain, de l'Etat qu'il gouverne. Ils n'abaissent point leurs regards au-dessous du prince ou chef actuel, simple individu qui se trouvait, à l'origine, armé d'un pouvoir despotique. — Enfin la souveraineté s'associe toujours, à cette époque, avec une parcelle définie de la surface terrestre.

Or, la souveraineté, ou ce qui lui répondait de plus près dans les temps anciens, ne s'alliait guère, primitivement, à toutes ces idées; elles sont venues remplacer des idées antérieures. Ainsi, la souveraineté n'était pas toujours territoriale; elle ne se rattachait pas toujours à une parcelle définie de la surface terrestre. J'ai marqué, dans le livre dont je vous ai déjà cité plus d'un extrait, que les vieilles idées se reflètent dans les titres des premiers monarques de l'Europe occidentale. Ces derniers s'appelaient *Rex Anglorum*, *Rex Francorum*, *Rex Scotorum* — Roi des Angles, Roi des Franks, Roi des Scots. Et l'une des figures les plus pathétiques de notre histoire est encore désignée sous le nom de « Reine des Ecossais (1). » Evidemment, la conception par-

(1) [« Marie, reine des Scots, » est l'expression consacrée pour désigner, en Angleterre, Marie Stuart].

tait alors de l'idée que le territoire appartenait à la tribu, et que le souverain n'était que le souverain de la tribu. Il est de fait qu'il n'a fallu rien moins que la féodalisation complète de l'Europe, pour qu'il devînt possible d'associer la souveraineté avec une portion définie du sol. L'étude du mouvement que nous appelons féodalisation n'appartient pas à notre branche de la jurisprudence historique; mais il n'est pas douteux qu'à la longue la souveraineté ait toujours fini par s'associer, dans l'opinion, avec la dernière étape de ce mouvement. Les légistes, au total, regardent l'exercice de la souveraineté comme propre aux individus, et la conséquence en fut extrêmement importante pour le Droit international : car l'individualité supposée des souverains permit aux fondateurs de ce Droit d'envisager les Etats comme autant d'êtres moraux, liés par des obligations morales. Si les unités du système international avaient continué d'être ce qu'elles étaient, ce semble, au début, — des tribus ou des groupes d'hommes, — il est douteux que ce système eût jamais pu s'édifier, ou qu'il eût en tout cas pu revêtir sa forme présente.

La définition de M. Bernard trahit, en certains passages, une influence beaucoup plus moderne sur le Droit, — je veux dire celle de M. John Austin. Il attribue au principe qu'un gouvernement souverain ne peut être contrôlé par aucun autre, une gravité qu'on ne saurait prétendre sérieusement appartenir à la question, en Droit international. C'est qu'en réalité, ce principe est indispensable au système d'Austin. Il existe, à son sens, en chaque communauté, une fraction toute-puissante qui peut faire ce qui lui plaît à l'égard du reste ; et cette fraction toute-puissante ou souveraine est l'auteur des lois. On ne peut rien objecter à cette idée au point de vue de la théorie d'Austin. Mais il faudrait toujours se rappeler avec soin, dans notre branche de la jurisprudence, que la définition de la souveraineté, d'après M. John Austin, n'est pas celle du Droit international, encore que, dans presque tous les traités les plus récents qui aient abordé ce sujet, on puisse relever ici une certaine confusion. Il est nécessaire à la doctrine austinienne que la fraction omnipotente de la communauté qui fabrique les lois, demeure indivisible, qu'elle ne partage son pouvoir avec personne autre ; et Austin lui même traite avec un certain dédain les Etats semi-souverains ou à demi-souverains que reconnaissent les auteurs classiques du Droit international. Mais cette indivisibilité de la souveraineté, si elle appartient à la doctrine d'Austin, n'appartient pas au Droit international. Les pouvoirs souverains sont un faisceau, une collection de pouvoirs, que l'on peut séparer l'un de l'autre. C'est ainsi qu'un chef peut administrer la justice civile et criminelle ; il peut faire des lois pour ses sujets et pour son territoire ; il peut exercer le droit de vie et de mort ; il peut lever des impôts et percevoir des taxes ; — et, nonobstant, il peut être privé du droit de déclarer la guerre et de conclure la paix, ou d'entretenir des relations extérieures avec aucune autotorité hors de son territoire. Telle est, à vrai dire, l'exacte position des princes indigènes de l'Inde ; et des Etats du même genre se fondent à l'heure actuelle en toutes les régions barbares du Globe. Dans les protectorats que l'Allemagne, la France, l'Italie, l'Espagne, ont créés au milieu des mer australasiennes ou sur les côtes d'Afrique, on ne se propose point d'annexer le sol ou d'implanter une colonie, au vieux sens du mot. Mais on interdit aux tribus locales toute relation étrangère, sauf celles qu'autorise l'Etat protecteur. Dans l'intention déclarée du prince de Bismark, le plus puissant fondateur des protectorats de ce genre, s'il est une chose à laquelle ils doivent ressembler, c'est à l'Inde, sous le régime de la Compagnie des Indes orientales.

Au fond, les auteurs modernes sur le Droit international s'accordent presque tous à répartir en groupes les droits qui découlent de la souveraineté d'Etat. Leur groupement de ces droits n'est pas uniforme, et quelques-unes de leurs divisions sont plus faciles à défendre que d'autres. Grotius, comme on le sait par le titre même de son livre, divisait le Droit auquel il consacrait son œuvre en Droit de guerre et Droit de Paix. Et les écrivains de nos jours, adoptant la même distribution, mais tombant dans une erreur où Grotius avait évité de tomber, classent dès lors tous les droits de l'Etat, en droits de la guerre et droits de la paix. Quelques publicistes modernes établissent une division plus générale en deux classes, — d'abord les droits primaires ou absolus, puis les droits conditionnels ou hypothétiques : les premiers représentant les droits qu'un Etat peut revendiquer à titre de personne morale et indépendante, ou, en d'autres termes, qui lui reviennent en temps de paix ; les seconds figurant ceux qu'il peut réclamer en des circonstances spéciales, — lesquelles circonstances, nommément visées, ne sont autres que la guerre. La question des droits et des obligations qui s'élèvent en temps de guerre sera traitée plus loin dans notre cours ; et nous nous renfermerons aujourd'hui dans l'étude des droits absolus ou primaires, ceux qu'un Etat possède en temps de paix. Je remarque chez les auteurs contemporains une tendance à exposer et à discuter cette partie du Droit, de telle sorte qu'à les en croire, ces droits absolus ne seraient rien de plus que ceux dont on peut logiquement induire la nature, de par la seule existence d'un Etat. Ceci apparaît très simplement dans le tableau des droits de ce genre que nous offre l'auteur d'un livre intéressant sur le Droit international, M. Hall. « Dans les conditions de vie où se trouve un Etat, » dit-il, « le droit d'entretenir et de développer son existence lui confère encore une autre catégorie de droits. Il possède, dès lors, la faculté : 1° de s'organiser sous la forme qui lui convient ; 2° de prendre, dans ses limites, telle mesure qu'il juge propre à le rendre fort et prospère ; 3° de s'approprier des territoires inoccupés et de s'incorporer de nouvelles provinces, du libre consentement de leurs habitants, pourvu que les droits d'un autre Etat sur ces provinces ne soient point violés par leur incorporation. Ainsi, à l'égard du premier pouvoir ou droit que l'on prétend exister, de par la force même des choses, au profit d'un Etat souverain, — le pouvoir de s'organiser de la façon qu'il lui plait, — il s'ensuit que cet Etat peut se soumettre à telle forme de gouvernement qui lui agrée, et façonner ses institutions sociales sur n'importe quel modèle. Aux yeux des Etats étrangers, les doctrines politiques ou sociales qui pourraient trouver chez lui l'appui d'un exemple, et se répandre en vertu de cet exemple, ne sauraient avoir aucune importance juridique (1). »

Voilà qui est parfaitement correct en Droit. Et je ne doute pas qu'aujourd'hui il paraisse évident, à la plupart des esprits, qu'étant reconnue la qualité de souverain, les avantages énumérés ci-dessus doivent s'ensuivre. Mais, en réalité, si nous nous renfermons dans cette branche des pouvoirs d'Etat, il n'est pas de droits qui aient été niés ou contestés avec plus de violence. Et s'ils ont pu se maintenir, cela vient moins de leur correspondance logique avec la définition de la souveraineté d'Etat, que de l'affirmation claire et nette de leur exis-

(1) [*International Law*, Oxford, Clarendon Press, 2e éd. 1884. Ch. II, § 8.

tence, dès le premier abord, par les juristes internationaux. Et le fait que ces droits se sont conservés est un hommage signalé à l'influence du Droit international. Par un curieux hasard, la paix qui s'est prolongée de 1815 à 1854 faillit se rompre à ses débuts, tout aussi bien qu'aux approches de son terme, devant la négation des droits si simples dont je viens de parler. La pacification du continent, après la chûte de l'Empire français, fut suivie d'une série de mouvements organisés par les communautés pour obtenir des constitutions, c'est-à-dire pour se garder contre le risque d'être ramenées sous la règle despotique où les avait trouvées la Révolution française. Ces constitutions diverses se proposaient toutes pour objet de restreindre les pouvoirs du roi. La plus démocratique, peut-être, était la constitution espagnole, connue sous le nom de Constitution de 1812. A vrai dire, lorsque les Cortès espagnoles l'élaborèrent à Cadix, le Roi d'Espagne, Ferdinand, était entre les mains des Français. Et, par suite, les constituants espagnols avaient à régler le cas d'une constitution faite pour un pays dont le chef demeurerait peut-être indéfiniment absent. En conséquence, les pouvoirs du roi dans cette constitution furent naturellement réduits au minimum. Le Roi d'Espagne, à son retour de captivité, la dénonça; mais elle n'en obtint pas moins une grande vogue en certaines parties de l'Europe. Et, en 1820, les Napolitains, s'étant mis en révolution, contraignirent leur Roi de leur accorder une constitution qui n'en était que la copie. Les puissances continentales qui avaient conservé leur despotisme en éprouvèrent un vif malaise; aussi, les congrès de Laybach et de Troppau s'assemblèrent-ils pour considérer le risque de contagion que faisait courir, en se répandant de Naples au reste de l'Europe, les principes que l'on appelait alors les « principes français. » Il fut résolu, finalement, que la constitution napolitaine subirait des modifications, et qu'une pression serait exercée par les armes de l'Autriche sur le Roi, déjà médiocrement enclin à repousser l'ingérence étrangère. La Grande-Bretagne, cependant, protesta contre cette décision. Peu après, la constitution de 1812 fut adoptée en Espagne même, à la suite d'une insurrection militaire. Ceci aboutit à la réunion du congrès de Vérone et à la restauration du despotisme espagnol, la pression s'exerçant cette fois sur l'Espagne par l'intermédiaire de la France.

Quoi qu'il en soit, avant que la paix de l'Europe se rompît définitivement, le courant avait pris une autre direction ; et la Grande-Bretagne, dont les affaires étrangères étaient maintenant dirigées par Lord Palmerston, mit son influence aux service des Etats qui désiraient obtenir une constitution. Indépendamment de ce désir général d'obtenir un gouvernement populaire, l'esprit de nationalisme venait d'entrer en scène. Et son dernier résultat fut d'amener l'intervention de Napoléon III en Italie, puis le renversement des despotismes italiens. Toutes les puissances de l'Europe auront donc agi tour à tour, en temps de paix, d'après des principes dont on pourrait conclure qu'en de certaines circonstances elles refuseraient, à un Etat donné, d'adopter telle constitution qui lui plairait. Néanmoins, la règle du Droit a fini par prévaloir à la longue ; et l'on ne saurait mettre en doute qu'elle soit éminemment précieuse. De toutes les règles du Droit public, c'est la plus efficace à préserver le monde civilisé de tomber sous le joug de fer d'une doctrine unique, en matière de gouvernement. Elle permet aux nombreuses théories politiques de subir l'épreuve de l'expérience dans les différents Etats, et empêche qu'aucune d'elles n'étouffe les autres, soit au nom de l'ordre, soit au nom de la liberté.

J'arrive maintenant à la seconde règle que j'ai mentionnée d'après M. Hall. Tout Etat souverain a le droit d'agir dans les limites de son territoire de telle façon qu'il juge propre à le rendre fort et prospère. De ce point de vue découlent deux conséquences. Un Etat peut prendre toutes les mesures qu'il juge à propos pour sa défense; et un Etat peut adopter le régime commercial qu'il estime le plus convenable à sa prospérité. Qu'un Etat possède cette double faculté, c'est ce que l'on ne nie point aujourd'hui, et ce que l'on n'oserait d'ailleurs contester, je crois, sérieusement. Pourtant, si l'existence de cette double faculté n'était affirmée depuis deux siècles par le Droit international, elle fournirait, je le crains, une plénitude de prétextes pour la guerre. En ce moment même, la patience des Etats se trouve mise à une rude épreuve par la manière dont leurs voisins appliquent le principe. Prenez la France et l'Allemagne. Rarement, dans l'histoire du monde, le génie militaire a déployé des qualités plus triomphantes que dans la longue ligne de forteresses qui bordent les deux pays. Chacune de ces forteresses est tout aussi puissante pour l'attaque que pour la défense. Et, sachant ce que sont les hommes, il est vraiment merveilleux qu'aucune plainte ne se soit produite, jusqu'à présent, du seul chef de leur construction. Prenez encore deux dépendances de pays européens, qui forment pour leur compte de puissants pays et se suffisent à elles-mêmes, — l'Inde anglaise et l'Asie russe. Ce ne sont pas des régions où les forteresses se construisent, ni doivent probablement se construire jamais, sur une vaste échelle. Les conditions climatériques, sans parler d'autres obstacles, rendraient ces défenses de médiocre valeur. Mais chacune des deux puissances s'est lancée dans des dépenses énormes pour créer un réseau de chemins de fer au dedans de ses propres fontières; et nous pouvons constater encore maintenant que chaque ligne nouvelle construite à l'intérieur, donne tout au moins naissance à des critiques et à des récriminations plus ou moins officieuses de la part de l'autre. Il ne nous est pas possible de douter, ce me semble, que si le Droit international n'avait été parfaitement clair, précis, à l'égard de ces facultés que l'on assure dériver du caractère souverain des Etats, elles auraient abouti à toute sorte de plaintes, suivies de toute sorte de conflits. Ce qui permet réellement aux Etats d'exercer en ce sens leur souveraineté, n'est rien moins que la légalité même de la règle.

Il n'en va pas autrement des régimes commerciaux. Ils diffèrent du tout au tout chez des communautés limitrophes. On ne saurait contester que les lois anglaises sur la navigation paraissaient autrefois amèrement antipathiques à une grande partie de l'Europe. Et, de nos jours, il existe des divergences constantes entre un grand nombre de communautés, au sujet du libre échange et de la protection. Mais, sans la règle qui affirme le droit illimité pour tout pays d'adopter le régime commercial qui lui convient, ce désaccord dans les opinions économiques deviendrait indubitablement très dangereux. Dans l'état actuel de la loi, un peuple peut légiférer directement et délibérément contre les industries propres d'un autre peuple. D'ailleurs, en ce qui concerne l'Angleterre, nous avons si pleinement accepté le principe, que nous laissons nos colonies jouir des privilèges que nous n'accordions jadis qu'à contre-cœur aux Etats indépendants; et nous leur permettons d'exclure nos manufacturiers de leur marchés, par une fiscalité prohibitoire.

La troisième règle formulée par M. Hall déclare qu'un Etat souverain a la faculté sans limite d'occuper les territoires vacants. C'est ici une question fort grave, qui représentait une source abondante de querelles aux XVIIe et XVIIIe siècles, et qui pourrait bien revêtir au XXe une importance nouvelle. La découverte du continent américain, jointe au développement des aventures maritimes, avait communiqué un renouveau d'intérêt à un sujet que l'on abandonnait jusque-là dans une obscurité négligée; et le système international, en voie de prendre forme, ne se trouva pas tout d'abord muni suffisamment de règles, pour répondre aux exigences du cas. La première tendance du Droit international fut d'attribuer une importance exagérée à la priorité de découverte. Les anciens juristes s'imaginaient qu'en principe c'était la même chose que l'*inventio* des Romains, le genre d'occupation au moyen duquel on acquiert, d'après le Droit de nature, la propriété d'un objet précieux, tel qu'un joyau qui n'appartiendrait à personne. Mais, de nos jours, la priorité de découverte, bien qu'entourée quand même d'un respect marqué, ne passe point universellement pour conférer un titre exclusif. Les États-Unis, à vrai dire, n'ont jamais accepté sans réserve qu'on dégradât l'antériorité de découverte de son ancienne considération. En 1843, leur Gouvernement protesta contre la thèse adoptée par le *Foreign Office* d'Angleterre, qu'une découverte par un simple citoyen, poursuivant une entreprise particulière, ne confère aucun droit international. Mais le secrétaire d'Etat américain reconnut dans la même dépêche que les règles en usage chez les nations civilisées, n'avaient pas encore tranché la question de savoir jusqu'à quel point la découverte d'un territoire inhabité, ou seulement habité par des sauvages, donne droit à sa possession (1). Néanmoins, l'inconvénient d'appuyer des droits sur la simple découverte est cause que l'on préfère à celle-ci des formes d'occupation ou d'annexion beaucoup plus sensibles. Les titres de découvertes sont presque tous de date ancienne; et, pour un bon nombre, ne prêtent plus qu'à des discussions historiques. En même temps, le monde est désormais si connu, que les titres nouveaux de découvertes deviennent très rares. En somme, on regarde aujourd'hui comme la meilleure source de titres, une annexion officielle, quelle qu'en soit la forme. On reconnaît pourtant encore que l'antériorité de découverte, une fois établie, peut ajouter une valeur légale à des actes et des signes qui sembleraient, par ailleurs, ambigus ou dépourvus de validité. Un

(1) Wharton, *Digest*, I, 5.

« cairn » de pierres, un mât de pavillon ou ses débris, peuvent ne signifier rien ou signifier peu de chose, si on les rencontre sur une côte désolée. Mais, si l'on parvient à fournir la preuve qu'ils ont été érigés par les premiers explorateurs, le fait peut acquérir une importance significative. On dédaigne aujourd'hui la découverte pure et simple, à moins qu'elle ne soit suivie d'actes témoignant l'intention de s'approprier le pays, actes dont le plus concluant est l'implantation sur les lieux de quelque établissement civil ou militaire.

On établit aujourd'hui une grande différence entre l'appropriant d'un nouveau territoire, muni d'une autorisation générale ou spéciale à l'effet d'en opérer l'annexion, et l'appropriant dépourvu de cette autorisation formelle. Si l'Etat auquel appartient un appropriant muni d'une lettre de service — un officier de la marine militaire — ratifie, par la suite, l'appropriation, on aura désormais un excellent titre international ; il en serait de même si l'Etat avait, dès l'origine, accordé l'autorisation de faire une appropriation pour son compte. Dans le cas d'un navigateur de la marine marchande, il faut quelque chose de plus qu'une simple prise de possession dans les formes. Si, par exemple, des aventuriers s'établissent en corps dans un pays jusqu'alors inapproprié, et déclarent en même temps qu'ils relèvent de l'Etat dont ils sont sujets, cet Etat peut ratifier leur acte et déclaration, et le titre deviendra parfait. Mais, si un navigateur marchand ou civil prend possession d'un nouveau territoire au nom de son souverain, puis met à la voile sans y fonder aucun établissement, la doctrine moderne est que ce titre, imparfait dès l'origine, ne pourrait être validé par ratification, et qu'il demeure susceptible d'être éliminé, entre temps, par le fait des autres souverains, agissant dans la plénitude de leur indépendance.

IV

DES DROITS TERRITORIAUX DE SOUVERAINETÉ.

Le chapitre du Droit international, dont je m'occupais à la fin de ma leçon dernière, — l'acquisition d'un territoire vacant au profit d'un Etat, — s'est trouvé subir fortement, et dans son entier, l'influence du Droit romain. Telles que les choses se passent, on pourrait encore les décrire en employant l'expression romaine d'*occupatio*. La règle fondamentale demeure la même dans le système originel et dans le système dérivé. Pour s'approprier des terres nouvelles, il faut se mettre en contact physique et définitif avec elles, ou, si l'on peut interrompre à son gré le contact physique, y joindre l'intention de garder ces terres pour son propre compte.

Le précédent capital en la matière est la

controverse sur l'attribution du territoire de l'Orégon et sur les incidents qui avaient rendu cette attribution douteuse. Vous la trouverez exposée suffisamment au long dans tous les traités récents de Droit international, et plus spécialement dans ceux des auteurs américains. Jamais discussion ne faillit d'aussi près engendrer une guerre. Au premier abord, les intérêts en jeu semblaient n'être que ceux de compagnies rivales pour le commerce des fourrures. Mais la suite n'a pas justifié cette impression. La situation des territoires litigieux s'est transformée du tout au tout, grâce à la construction de deux grandes voies ferrées. La ligne du Pacifique Nord (*Northern Pacific Railway*) a ouvert l'accès des terres riches et fertiles que les Américains réclamaient au Sud; tandis qu'au Nord, les terres réclamées par la Grande-Bretagne comprennent la Colombie anglaise, qui se trouve incorporée de fait au Dominion du Canada par la construction du Pacifique Canadien (*Canadian Pacific Railway*). Peut-être devrais-je ajouter que les éléments de la controverse n'étaient pas des plus clairs. Mais on admet généralement que le capitaine Gray, dont les Américains invoquaient les titres, avait agi comme représentant particulier d'une compagnie de fourreurs; tandis que le capitaine Vancouver, dont les explorations servaient de base aux prétentions anglaises, bien qu'il eût pris possession du territoire au nom de la Grande-Bretagne, n'avait eu l'idée de cette démarche, qu'en apprenant les découvertes de Gray. Après ce que j'ai dit au sujet des principes, ceci peut montrer les difficultés de la question. Le débat fut d'ailleurs prudemment tranché par un compromis introduit dans le traité de Washington.

Ici, permettez-moi d'observer qu'un grave embarras se présente constamment dans l'appropriation d'un territoire par voie de découverte ou d'occupation. Jusqu'où s'étend le terrain qu'affectent les formalités indispensables, une fois accomplies régulièrement? Les établissements, d'ordinaire, se fondent tout d'abord sur la côte. Mais, derrière eux s'étendent de vastes espaces de territoires vacants, dont l'accès peut se trouver interdit aux autres nations, par l'appropriation de la région côtière, et que l'on peut regarder comme plus ou moins dépendants du littoral, si l'on se place au point de vue d'immigrants qui voudraient pénétrer à l'intérieur en venant de la mer. Qu'implique donc, à cet égard, l'occupation d'une partie donnée de la côte ? Il semble que l'usage soit aujourd'hui de ne pas étendre la limite intérieure au delà du seuil de partage avec les bassins avoisinants. D'autre part, il est encore généralement admis que l'occupation de la côte emporte avec elle un droit à toute l'étendue du territoire draîné par les fleuves ou rivières qui déversent leurs eaux en dedans de sa ligne. Mais, peut-être, la concession de ce droit est-elle accompagnée de la réserve tacite que la longueur de la côte doit offrir une proportion raisonnable avec l'étendue de territoire que l'on réclame en vertu de sa possession.

Les faits et gestes de mainte puissance européenne nous donnent à penser, comme je l'ai déjà dit, que les questions de souveraineté sur des contrées nouvellement acquises par occupation, pourraient bien encore s'élever, quoique la chose puisse ne pas arriver de notre siècle. On a toutefois observé que, jusqu'ici, les titres invoqués pour les terres dont s'emparent l'Allemagne et la France, l'Espagne et l'Italie, reposent très généralement sur le consentement des communautés indigènes qui les habitent, ou du gouvernement quelconque auquel ces communautés ont l'habitude d'obéir. La question de savoir dans quelle mesure l'occupation antérieure d'une terre nouvelle par une tribu sauvage ou barbare pourrait prévenir l'occupation d'immigrants civilisés, est un problème d'une très haute antiquité et d'une rare délicatesse; mais la façon dont on l'a traité jusqu'à ce jour ne passe guère, en général, pour tourner à l'honneur des explorateurs civilisés, non plus que des Etats auxquels ils appartenaient. Il n'est pas douteux que l'usage international soit parti de cette idée que l'on pouvait négliger le titre des indigènes, par cette raison que les habitants rencontrés sur le territoire découvert étaient païens. Les explorateurs catholiques et leurs souverains se tenaient pour satisfaits de penser que le devoir des Etats, lorsqu'ils prenaient possession d'un territoire nouveau, était d'en convertir les habitants à la forme romaine du christianisme. Le Gouvernement espagnol semble avoir apporté la plus entière bonne foi dans ses efforts pour christianiser les Indiens du Mexique et de l'Amérique du Sud; et les souffrances ultérieures des aborigènes ne devraient s'attribuer, paraît-il, qu'aux institutions civiles importées d'Espagne. C'est ainsi qu'en Espagne, du temps de Colomb et de Cortès, comme dans le reste de l'Europe continentale, florissait la « corvée, » — autrement dit, l'obligation de travailler gratis pour l'Etat à l'entretien des routes ou à d'autres travaux publics. Or, la corvée fut transplantée dans les nouvelles dépendances américaines. Il existait aussi, dans les provinces minières du Nord de l'Espagne, une population considérable, tenue de travailler aux mines pour l'unique bénéfice des propriétaires, et dont la situation approchait de très près celle de l'esclave. Cet état quasi-servile se répandait d'ailleurs bien au delà, car on le retrouvait même en Ecosse, au commencement du siècle dernier. Il n'est donc guère surprenant de le voir introduit dans l'Amérique espagnole du Nord et du Sud, où il provoqua d'effroyables cruautés. La reine Isabelle de Castille paraît s'être montrée vraiment soucieuse de réprimer la barbarie de ce travail forcé d'aprés la coutume espagnole; mais les missionnaires l'assurèrent qu'une fois délivrés de l'obligation de cultiver la terre et de travailler aux mines, les indigènes craintifs se retiraient dans les bois pour fuir la société des Espagnols, et qu'ils y perdaient leur christianisme. Vous n'êtes pas sans savoir, pour la plupart, que l'on fait remonter l'origine de l'esclavage nègre, dans l'Amérique du Sud, à l'idée de substituer une race plus vigoureuse aux chétifs Indiens du pays, qui mouraient en foule. Peut-être n'est-il que juste d'ajouter qu'au bout d'environ quatre siècles les procédés violents des Espagnols, en dépit de leur réputation médiocre, ont fini par amener à la longue une assimilation de la race blanche avec les gens de couleur, plus complète qu'en aucune autre partie du monde. Il est telle république de l'Amérique du Sud où la communauté tout entière est virtuellement, à la fois, d'extraction et de couleur indiennes.

Dans l'Amérique du Nord, où les explorateurs, comme les nouveaux colons, étaient surtout Anglais d'origine, on s'accordait presque universellement à comparer les Indiens continentaux aux Cananéens de l'Ancien Testament; et l'on comparait, non moins naturellement, leur situation à l'égard des colons comme un état de guerre presque ordonné par la volonté divine. Les premiers à s'écarter de cette idée furent les adeptes d'une secte anglaise, à laquelle on doit nombre de tentatives pour introduire l'humanité dans la vie pratique, — les Quakers; et Guillaume Penn conclut avec les Indiens de la Pennsylvanie, un traité qui satisfit la conscience de ceux dont il était le représentant. Mieux encore : si l'on continue d'observer, on relève bientôt, aux Etats-Unis, une tendance très marquée à reconnaître que l'on ne doit point confisquer aux Indiens le sol nécessaire à leur subsistance, à moins que l'on ait pris, sous une forme quelconque, des mesures suffisantes pour assurer leur alimentation au moyen de la chasse ou de l'agriculture. Voici la doctrine strictement légale. Un juge américain fort célèbre, et qui a contribué plus que personne à organiser dès le début, la juridiction de la Cour suprême aux Etats-Unis, posait en principe que le titre des Anglais à la propriété du territoire américain, titre hérité par le Gouvernement fédéral, excluait les Indiens de toute espèce de droit, sauf le droit d'occupation, et qu'il conférait au Gouvernement fédéral la faculté d'anéantir ce droit occupatoire, soit par conquête, soit par achat. — Mais les propriétaires de territoires nouveaux admettent pour la plupart, aujourd'hui, qu'on doit laisser aux sauvages indigènes une réserve assez grande pour assurer leur subsistance. D'ailleurs, en général, les tribus ou communautés que l'on rencontre sur les terres dont les Etats européens prennent possession, à l'heure actuelle, ont franchi le point de civilisation où se trouvaient les Indiens de l'Amérique, au moment où les Européens entrèrent pour la première fois en contact avec eux. Le prince de Bismark a formellement déclaré qu'à ses yeux les Allemands, dans leurs annexions, devaient suivre l'exemple de la Compagnie des Indes anglaises. Ici, l'on suppose qu'une communauté, ayant déjà quelque organisation, se trouve en possession du sol. L'annexion ne lui enlève aucun des droits qui lui appartenaient auparavant, sauf le droit d'entretenir des relations étrangères avec qui lui plaît.

Jusqu'ici, je n'ai parlé que de l'autorité et de la juridiction réclamées par les Etats souverains sur des portions déterminées de la surface du globe. Les limites restreintes de mon cours m'empêchent d'épuiser ce sujet d'ailleurs fort étendu. Mieux vaut, je crois, abandonner les autres matières que renferme le chapitre de la souveraineté territoriale, et passer à la souveraineté maritime en la traitant rapidement. Comme d'ordinaire, je me contente de signaler les détails intéressants et difficiles qui se rencontrent à mesure que nous avançons. Les Etats ont l'habitude d'exercer ou de réclamer, en fait, une autorité souveraine sur des portions de mers, — sur des lacs et des fleuves, — enfin, sur certains navires qui leur appartiennent ou qui appartiennent à leurs sujets, lorsque ceux-ci naviguent soit en pleine mer, soit dans les eaux sur lesquelles s'exerce leur prétendue juridiction.

Le premier point que nous devions approfondir nous reporte, du coup, à l'une des questions les plus violemment controversées, au début du Droit international, la question de la *mare clausum* et de la *mare liberum*, — la mer soumise à la domination d'une seule puissance, ou accessible à toutes, — expressions qui se confondent avec les grands souvenirs de Grotius et de Selden. Selon toute vraisemblance, la discussion ne se serait pas élevée sans l'axiome des auteurs d'Institutes romains, que la mer était, de par sa nature, propriété commune. Et le point douteux était de savoir s'il y avait rien dans la nature, sans discuter le sens de ce mot, qui donnât lieu de croire à la communauté de la mer ou des fleuves; et aussi, quelle était, au dire de l'histoire, la coutume effective de l'humanité; et même, si l'histoire témoignait, d'une façon concluante, que l'humanité eût jamais été d'un accord général de sentiment sur la question. Nous ne savons pas exactement ce qu'un jurisconsulte romain avait dans l'esprit quand il parlait de la Nature. Et il ne nous est guère plus aisé de nous former une opinion spéculative sur l'état réel et probable de la mer aux âges primitifs, que l'on associe tant bien que mal à l'idée de nature. Les documents que nous possédons me semblent suggérer, nonobstant leur insuffisance, que si la mer fut tout d'abord commune, c'était en ce sens qu'elle s'ouvrait universellement aux déprédations. Dans la vieille littérature grecque, la mer paraît fourmiller de pirates; mais il existe des documents antérieurs. Quelques inscriptions égyptiennes paraissent trahir l'existence de ligues de pirates écloses parmi les petits Etats de la Méditerranée, pour fondre sur les faibles et riches communautés maritimes. Il est même certains noms, rappelés dans ces inscriptions, qu'il est possible d'identifier avec les anciennes appellations de tribus célèbres par la suite. Et l'on ne peut s'empêcher de soupçonner que la fameuse guerre de Troie naquit d'une expédition de ce genre, quels qu'en fussent les autres prétextes. La juridiction que l'on pouvait invoquer alors ne tirait probablement en rien son origine de ce que l'on appellerait la nature. Ce devait être plutôt une forme d' « assurance » contre les pirates. En tout cas, une chose est certaine : savoir, que les premiers développements du Droit maritime dûrent représenter, ce semble, un mouvement pour aller de la *mare liberum*, quelle que pût être la valeur de cette expression, à la *mare clausum*, — c'est-à-dire, de la navigation libre dans les eaux sur lesquelles nul ne réclamait autorité, à la navigation dans les eaux soumises au contrôle d'un souverain distinct. La fermeture des mers signifiait donc une délivrance des déprédations violentes, soit aux frais, soit par l'entremise, d'une ou plusieurs puissances plus énergiques que les autres. La souveraineté maritime a sans doute commencé par être un bienfait pour tous les navigateurs, et elle a fini par prendre une forme protectrice. M. Hall, dans un très intéressant chapitre de son livre (1), a montré que le Droit international, au sens moderne du mot, avait débuté par un régime général de *mare clausum*. L'Adriatique, le golfe de Gênes, la mer du Nord et la Baltique, étaient également fermés, soumis à une autorité particulière ; et l'Angleterre réclamait une prééminence, ainsi que l'exercice d'une juridiction variable, depuis la mer du Nord ou les parages de l'Atlantique adjacents à l'Ecosse et à l'Irlande, jusqu'à la baie de Biscaye, au sud. Dans toutes les eaux en questions, l'oubli d'amener son pavillon devant un navire anglais, aurait été suivi d'un coup de canon. Puis, le pro-

(1) IIe partie, 2.

grès de la juridiction maritime rebroussa cours, pour revenir de la *mare clausum* à la *mare liberum*; et la souveraineté que le Droit international reconnaît encore sur telle ou telle portion de mer, n'est plus qu'un débris vermoulu, — contracté, pour ainsi dire, — de la prédominance que l'on accordait jadis aux divers Etats, sur une grande partie des mers et des océans alors explorés.

Les raisons qui ont forcé l'ouverture d'un bon nombre de *maria clausa*, n'ont rien de mystérieux. Tout d'abord, vient l'opinion de quelques-uns des fondateurs les plus écoutés et les plus autorisés du Droit international. Par exemple, la ferme opinion de Grotius, le plus vénéré peut-être de tous ces publicistes, que la vraie doctrine était celle de la *mare liberum*. Ensuite, et plus particulièrement, cette ouverture des mers fut le résultat de la découverte de l'Amérique et des voyages qui doublèrent le cap de Bonne-Espérance. Les répugnances qu'éprouvaient les Etats aventureux à s'incliner devant les prétentions extravagantes de l'Espagne et du Portugal, devinrent d'autant plus vives, furent d'autant plus stimulées, qu'à leur connaissance le titre de ces deux puissances à se partager de l'est à l'ouest les Océans, reposait, en principe, sur une autorité que les nouveaux peuples maritimes, les Hollandais et les Anglais, avaient désormais cessé de respecter, — l'autorité papale. Ainsi commença de décliner la souveraineté maritime et exclusive de l'ancien temps, jadis si répandue. Les prétentions des Anglais diminuèrent jusqu'à ne plus rien prétendre que sur les eaux territoriales proches de leurs côtes, ainsi que sur les portions de mer comprises entre deux promontoires et connues sous le nom de « Chambres du roi, » — enfin, sur toutes les mers resserrées ou détroits, et ceci dans un but purement cérémoniel. On prenait tellement au sérieux cette dernière prérogative, qu'un capitaine anglais tira sur Philippe II d'Espagne, en personne, pour avoir arboré son pavillon en arrivant dans le Détroit, alors qu'il venait épouser notre Marie Tudor.

Les injonctions de l'ordonnance de Hastings, attribuées au roi Jean, étaient même encore plus énergiques :

« Si un lieutenant du roi rencontre en mer des » nefs ou vaisseaux quelconques, chargés ou non » chargés, qui n'amènent pas ou ne carguent » pas leurs bonnettes sur l'ordre dudit lieute- » nant du roi, il combattra contre eux, même » en flotte. S'ils sont pris, ils seront considérés

» comme ennemis, et leurs navires et marchan-
» dises seront gardés et confisqués comme biens
» ennemis. »

J'ai déjà parlé des doutes qu'éprouvaient les juges anglais, et qu'ils ont exprimés dans l'affaire du *Franconia*, quant à la juridiction de trois milles ou d'une lieue que l'on assure exister sur les eaux territoriales. Si l'on analyse leur opinion, il semble que, dans leurs réserves, ils s'appuient principalement sur les fluctuations et divergences de vues qui règnent à l'égard de l'exacte étendue des eaux territoriales, que l'on peut revendiquer d'après les règles générales du Droit des gens. En de certains cas, cette revendication se confond avec le droit de souveraineté que les auteurs internationaux étendent à trois milles sur les eaux joignant la côte. En d'autres cas, la revendication s'étend plus loin. Il est facile de comprendre ces différences, si nous nous pénétrons bien l'esprit qu'il ne s'agissait ici que de renoncer à des droits indéfinis pour obtenir des droits définis, ce qui impliquait d'ordinaire un rétrécissement de la surface maritime que l'on prétendait soumise à une juridiction donnée.

Une autre survivance des prétentions anciennes est le droit que l'on invoque, en Angleterre, à une autorité exclusive sur ce que l'on appelle les Chambres du Roi. Ce sont des portions de mer délimitées par des lignes tirées d'un promontoire à un autre de nos côtes, par exemple du cap Land's End à Milford-Haven. Cette prétention est désormais adoptée en Amérique; et les Etats-Unis s'attribuent une juridiction du même genre sur la baie de la Delaware, comme sur d'autres estuaires qui entaillent profondément leur territoire national. Les souverains d'Angleterre réclamaient, en outre, un droit assez vague sur une plus grande étendue d'eau, en prohibant le « rôdage » (*the roving*) ou, suivant le mot technique, le « planage » (*the hovering*) des navires de guerre étrangers le long des côtes et des rades neutres de la Grande-Bretagne. Plus récemment, un Acte connu sous le nom de *Hovering Act* a été passé en 1736, qui, dans un but fiscal, assume une juridiction de quatre lieues au large, en interdisant le transbordement des marchandises étrangères à moindre distance, sans le paiement des droits réglementaires. Les Etats-Unis ont encore ici copié cette clause; et, dans les deux pays, les Cours de justice ont déclaré cette législation statutaire conforme au Droit et à l'usage des nations. Les prétentions jadis très étendues, mais aujourd'hui fort restreintes, de la Grande-Bretagne, n'ont pas exclusivement tourné à son avantage. Il nous reste un souvenir de l'extension des droits anciens dans la nécessité où se trouve désormais l'Angleterre de se soumettre à d'énormes dépenses, pour remplir le devoir onéreux d'éclairer par des phares et autres appareils lumineux une étendue de mer beaucoup plus vaste qu'il n'appartient manifestement à sa juridiction.

On affirme souvent que la juridiction d'un Etat sur une portion de mer proche de ses côtes, soit que cette juridiction résulte de droits antérieurs, soit qu'elle relève des règles du Droit international, n'existe qu'en vertu d'une fiction qui traite l'eau comme la terre ferme. En analysant les opinions des juges dans l'affaire du *Francònia*, vous constaterez que l'admissibilité ou le rejet de cette fiction tient une place considérable dans leur argumentation. A l'inverse, on peut regarder la pleine souveraineté d'un Etat sur les portions de terre qu'il englobe, — mais que recouvrent la mer, les fleuves ou les lacs, — comme une création du Droit de nature. Pourtant, cette plénitude apparente et naturelle de la souveraineté a ses limites, ainsi qu'on le voit dans un cas auquels les auteurs internationaux accordent plus d'attention qu'il n'est besoin. Toutes les fois qu'un cours d'eau, comme il arrive souvent pour un fleuve d'une certaine longueur, traverse le territoire d'un nombre plus ou moins considérable d'Etats, on soutient que chacun d'eux possède un droit de navigation jusqu'à la mer; et l'on a même prétendu que les Etats tout à fait étrangers pouvaient remonter le fleuve depuis son embouchure jusqu'à l'une quelconque des souverainetés co-riveraines. Il est de fait que ce droit s'exerce sur les grands fleuves d'Europe, depuis des siècles; et je crois que le motif en est immédiatement saisissable pour qui suit, en voyageur, les rives d'un cours d'eau tel que le Rhin. On n'attachait aucune valeur, anciennement, à la possession d'une partie du fleuve, si elle ne devait permettre que de le clore ou de l'obstruer. L'avantage de sa possession consistait plutôt dans les droits de péage que l'on exigeait de chaque navire pour le laisser passer d'une souveraineté à l'autre; et les grands fleuves se trouvaient, par là, surchargés de redevances obligatoires jusqu'à leur embouchure. Bien entendu, la charge était excessivement lourde sur le Rhin, grâce au nombre des demi-souverainetés ou souverainetés fractionnaires qui abondaient dans les limites de l'Empire. Il arriva même qu'une partie du Rhin fut absolument fermée, en vertu d'une clause du traité de Westphalie. L'Escaut, — autrement dit le passage du fleuve à travers le territoire Hollandais, près de son embouchure, — se fermait à toute puissance co-riveraine et ne demeurait libre que pour les seuls Hollandais. Il y avait bien quelque prétexte à cette règle d'exception, car, assurément, cette partie du Rhin était en principe l'œuvre de l'industrie hollandaise, puisque le fleuve s'y engage dans des constructions gigantesques, élevées par les architectes et les agriculteurs néerlandais, pour défendre leur territoire contre la mer ou même pour reconquérir sur elle de nouveaux terrains. La fermeture de l'Escaut n'a cependant jamais été vue d'un œil favorable par les auteurs internationaux; aussi, pendant très longtemps, s'y opposèrent-ils avec énergie. Il s'y rattache de tristes souvenirs; ce fut, en effet, après que les Français eurent forcé ce passage au profit des Flamands contre les Hollandais, que l'Angleterre se trouva contrainte de prendre part à la guerre de la Révolution française.

Quelques auteurs de Droit international ont prétendu que le droit à la navigation « inoffensive, » suivant le mot consacré, sur un fleuve dont la situation ressemble à celle du Rhin, tient à la nature même des choses. Ceci est contesté par d'autres auteurs; et la question forme l'un des grands terrains de discussion du Droit international. Comme il advient parfois, la controverse s'est trouvée très obscurcie par l'emploi de termes d'une signification douteuse. Ceux qui nient le droit, en général, accordent qu'il existe un titre imparfait au privilège invoqué. Ces expressions de « titre parfait » et de « titre imparfait, » nous viennent du Droit romain, où l'on appelle droit « imparfait » tout droit qui manque de sanction. John Austin a analysé ces formules de « droit parfait » et de « droit imparfait; » et il déclare que, dans ce dernier cas, le législateur, encore qu'il ait manifesté ses intentions, aura oublié ou négligé, par hasard, d'infliger une peine à l'infraction prévue. Mais, ce sont là des termes absolument hors de propos dans le Droit international, puisque ce régime ne comporte aucune sanction directe, du moment qu'il n'existe pas de souverain commun. Par conséquent le « droit imparfait » et le « titre imparfait » ont peu à peu revêtu un sens différent dans le dernier état du Droit international. Tantôt, par l'emploi de ces mots, on entend affirmer qu'il serait juste et raisonnable d'accorder la liberté réclamée; tantôt, les mêmes expressions semblent signifier que l'Etat prétendu soumis à une obligation imparfaite, demeure libre d'accorder le privilège, tout en consultant d'ailleurs son propre intérêt, quant au mode de concession. Si cette façon d'exprimer le conflit des doctrines était toujours adoptée, elle offrirait une base suffisamment pratique pour trancher la question. Nombre d'Etats accepteront de se plier à un devoir imparfait, qui refuseraient de reconnaître un titre parfait en n'importe quel sens du mot.

Toutefois, sur cette base d'un titre imparfait les traités ont amplement réglé la navigation des fleuves. Le Rhin et l'Elbe ont été soumis en 1814 et 1815, une fois la grande guerre terminée, à des règlements spéciaux qui ont reconnu aux divers Etats riverains un droit d'accès jusqu'à la mer. En 1828, un désaccord violent s'éleva entre l'Angleterre et les Etats-Unis, à propos de la navigation du Saint-Laurent. Le Saint-Laurent est un véritable émissaire, par lequel le trop-plein des grands lacs ou mers intérieures d'eau douce, s'échappe du continent américain pour se jeter dans l'Atlantique. L'Angleterre réclamait, à titre de propriétaire du territoire avoisinant l'embouchure, le droit de fermer le fleuve à son gré, encore qu'elle n'eût jamais exercé le pouvoir qu'elle s'attribuait. D'autre part, les Etats-Unis, comme propriétaires souverains des territoires importants qui viennent s'appuyer sur quelques-uns des grands lacs, s'arrogeaient un droit de libre navigation jusqu'à l'embouchure du Saint-Laurent. Chacune des deux puissances réclamait plus qu'elle n'espérait obtenir. Le langage du *Foreign Office* de Londres impliquait en faveur de l'Angleterre un titre parfait à interdire la navigation du fleuve. Les Etats-Unis semblaient maintenir que le fleuve tout entier devait leur demeurer ouvert, ainsi qu'aux navigateurs peut-être de tous les Etats civilisés. La controverse se termina en 1854, à peu près de la même sorte que les discussions sur la descente du Rhin ; et les principes adoptés dans la circonstance s'appliquèrent peu après aux grands fleuves de l'Amérique du Sud. Tous furent déclarés libres d'accès : le Parana, l'Uruguay, les Amazones. Peut-être cette générosité venait-elle de ce que l'on sentait mieux les avantages du commerce, plutôt que d'une préférence décisive pour l'une ou l'autre des règles attribuées au Droit international. Dans tous les cas, néanmoins, pour en revenir à l'aspect légal de la question, les Etats souverains se sont accordés par un arrangement qui repose sur le titre imparfait.

J'ai parlé, à la fin de ma dernière leçon, des polémiques inextricables qui prennent, en Droit international, une fiction pour point de départ. La plus célèbre peut-être de ces fictions, chez les légistes internationaux, est celle de l'exterritorialité. Au fond, la fiction de l'exterritorialité ne s'appuie que sur une métaphore. Elle suppose qu'un individu en pays étranger, ou un navire dans les eaux étrangères, demeure encore dans les limites de la souveraineté originelle à laquelle il appartient. Quelquefois, dit-on, le navire est traité comme une parcelle de l'Etat souverain, qui flotterait en pleine mer ou ailleurs. Le mot semble n'avoir servi, tout d'abord, qu'à dépeindre les privilèges des ambassadeurs à l'étranger. Et, somme toute, il les dépeint aussi vivement et aussi exactement que peut le faire une métaphore. Le grand inconvénient de ces métaphores dans les questions juridiques est que le public, et surtout les gens de loi, finissent à la longue par regarder la métaphore comme possédant une réalité propre, et la prennent pour point de départ d'inductions nouvelles, qui souvent elles-mêmes n'ont qu'une valeur métaphorique.

Cette singularité caractérise d'une façon curieuse une seconde acception de la figure dont je viens de parler. Les juristes de certains pays affirment que les navires d'un Etat deviennent exterritoriaux, lorsqu'ils se rencontrent dans les eaux territoriales d'un autre Etat. Ceci est encore nié par d'autres auteurs. Aussi, nombre de problèmes très difficiles se sont-ils posés, tout récemment encore, grâce à l'ambiguïté des termes adoptés. Nous pouvons en prendre comme exemple la controverse qui s'est élevée, il y a quatorze ou quinze ans, sur les obligations des commandants de navires de guerre, à l'égard des esclaves fugitifs. Les navires du Gouvernement anglais s'arrêtent constamment dans les eaux territoriales des Etats indépendants qui bordent les mers orientales : par exemple, dans le golfe persique, eau territoriale de la Perse, ou dans les eaux territoriales de la Turquie. Si un navire de guerre mouillé dans ces eaux tombe sous la juridiction de l'Etat auquel appartient la côte prochaine, la solution d'un incident très délicat, où se trouve compromis son commandant, peut devenir tout autre que si le navire de guerre demeurait dans les eaux territoriales de l'Etat dont il porte le pavillon. Le cas est celui d'un esclave se réfugiant sur un navire anglais. Il se présentait naguère fréquemment, car les populations voisines de la côte savaient en général que les lois anglaises ne toléraient pas l'esclavage, ou ne lui accordaient en principe aucune considération. Si le navire suivait la loi du territoire adjacent, il n'est pas douteux que le fugitif devait être restitué à son maître. Si, d'autre part, le navire demeurait soumis à la loi du pays sous le pavillon duquel il naviguait, alors le devoir de son commandant était d'emmener le fugitif et de le débarquer en lieu sûr, où il ne pourrait plus être réduit en servitude. Des rapports contradictoires arrivaient sans cesse en Angleterre sur le régime adopté dans ces parages. Aussi nomma-t-on une Commission nombreuse, surtout composée de jurisconsultes, pour établir quel était l'usage et décider quelle devait être la règle. Et les discussions qui s'engagèrent peuvent se comparer à celles de l'affaire du *Franconia*, pour la foule de problèmes internationaux qu'elles soulevaient. A la longue, la Commission finit par s'arrêter à une transaction. Quelques membres estimaient qu'un navire anglais, dans les eaux turques, demeurait à tous égards exterritorial, et soumis à la souveraineté britannique. D'autres pensaient qu'il était pour un temps sous la souveraineté du Gouvernement turc. Mais les Commissaires déclarèrent à l'unanimité qu'un officier anglais ne pouvait légitimement, quelle que fut d'ailleurs l'opinion qui dût ici prévaloir, être contraint d'abandonner un fugitif, toutes les fois que la restitution de ce dernier aurait pour effet de l'exposer à de mauvais traitements.

Ce que je viens de dire s'applique aux navires de guerre, aux navires de l'Etat qui portent le pavillon de leur souverain. Mais la fiction de l'exterritorialité s'étend bien au delà de ces navires. Durant tout le cours de la grande guerre qui s'éleva au commencement du siècle, les Etats-Unis soutinrent que les navires, même privés, devaient être considérés comme exterritoriaux, et garder la loi du pays auquel appartenaient leurs propriétaires. Cette prétention fut énergiquement combattue par la Grande-Bretagne. La discussion roulait au fond sur un usage alors spécial à la marine anglaise, qui recrutait par la « presse » ses équipages, sur son propre territoire. Les commandants cherchaient à suppléer à l'insuffisance de leur personnel en visitant les navires neutres qu'ils rencontraient sur leur route, puis en enlevant les marins qu'ils y découvraient de nationalité anglaise. Ils soutenaient (et nous verrons plus loin que telle est, en effet, la règle,) que tout navire neutre privé s'expose, en pleine mer, au droit de visite, afin qu'un belligérant puisse s'assurer qu'il ne s'y rencontre à bord aucune marchandise appartenant à l'ennemi. Un commandant anglais avait donc, à ce propos, le droit d'aborder un neutre, même ami; et, la chose une fois reconnue légitime, les jurisconsultes, ainsi que les tribunaux d'Angleterre, concluaient qu'il pouvait enlever et rembarquer sur son propre bord les matelots, inscrits sur le rôle du navire neutre, qui se trouvaient être sujets de la Grande-Bretagne. Jamais désaccord ne fut plus vif; et celui-ci aboutit directement à la guerre qui éclata en 1814, entre la Grande-Bretagne et les Etats-Unis. Il n'est heureusement guère probable qu'une discussion pareille puisse surgir de nouveau, bien que rien, dans les décisions de nos Cours ou dans nos livres de Droit, ne s'oppose absolument à sa résurrection. Le Gouvernement anglais a désormais abandonné la presse; et si, dans une guerre à venir, la Grande-Bretagne se voyait obligée d'enrôler de force des équipages pour sa flotte, il est à peu près certain que l'on aurait recours à d'autres expédients. Il n'est pas impossible que nous ayons à copier le régime en vigueur chez les Allemands et les Français, celui d'une conscription limitée à la population maritime. Il faut, en outre, avoir présent à l'esprit que, sur les vaisseaux de guerre d'aujourd'hui, qui représentent des machines d'une extrême complexité et d'une grande délicatesse, mues par la vapeur et la force hydraulique, le chiffre de l'équipage, relativement aux dimensions du navire, est bien moindre qu'il ne l'était pendant les premières guerres maritimes du siècle; et cela diminue considérablement le risque de voir le navire dans un réel embarras, pour insuffisance d'équipage.

Cette portée extrême que les Américains voulaient donner à l'exterritorialité fictive, pour obtenir le respect des navires privés, n'est donc plus de nature à nous être probablement opposée de nouveau, parce que les raisons qui l'avaient provoquée ne doivent très vraisemblablement plus se reproduire. Et même, si du consentement général des peuples on finissait par adopter une autre proposition d'origine américaine, sur laquelle j'aurai beaucoup à insister plus loin, en vue de soustraire absolument la propriété privée à la capture sur mer, l'exterritorialité des navires de commerce pourrait être rayée du Droit international, de par l'accord des puissances, puisque les droits de visite et de recherche sur les navires marchands neutres, en temps de guerre, disparaîtraient du coup. Mais il est bien entendu que, jusqu'à présent, cette prétention d'exterrioritalité n'a jamais été déniée positivement, ni formellement écartée. Le traité entre la Grande-Bretagne et les Etats-Unis, qui mit fin à la guerre de 1814, ne contient rien à ce sujet, non plus qu'à l'égard des griefs qui étaient la source de cette prétention. Et je suppose qu'un jurisconsulte américain serait tenu, en vertu des arrêts mêmes des tribunaux de son pays, de la défendre, au moins *in abstracto*. Ce que je viens de dire ne s'applique, on le verra, qu'aux navires privés. Quant aux navires de l'Etat, aux vaisseaux de guerre, on approche beaucoup plus de l'uniformité dans la pratique et la doctrine. En somme, la thèse qu'un navire de l'Etat, portant le pavillon d'un souverain qui règne sur un pays indépendant, demeure sous la loi de ce pays, même dans les eaux territoriales d'un autre pays, semble admise par tous les tribunaux et les gens de loi du monde civilisé. Mais on établit une distinction entre les actes dont les conséquences apparaissent et s'évanouissent à bord du navire sans aucun effet externe, et les actes commis à bord qui se réfléchissent ensuite à l'extérieur. Dans le premier cas, la juridiction du souverain auquel appartient le navire est exclusive; dans le second cas, le souverain dans les eaux duquel se rencontre le vaisseau peut exiger réparation pour l'infraction commise. Néanmoins, il doit adresser sa demande au gouvernement qui est le maître souverain du navire. Les deux hypothèses peuvent s'éclairer au moyen d'exemples qui se sont présentés réellement. Un matelot à bord d'un navire de l'Etat, mouillé dans des eaux territoriales étrangères, tue un autre matelot du bord; ou un matelot tire un coup de feu, du pont d'un navire, et frappe un indigène du pays voisin. Dans le premier cas, le commandant peut appliquer immédiatement au coupable le traitement qu'autorisent la loi et l'usage de son propre pays. Dans le second, il doit attendre qu'une plainte soit adressée à son souverain. J'ai déjà mentionné le cas exceptionnel d'un esclave fugitif se sauvant à bord d'un navire de guerre étranger dans des eaux territoriales. La décision des Commissaires n'a fixé de ce chef aucun principe; mais elle a posé une règle usuelle qui suffit pour la circonstance.

V

DE LA BELLIGÉRANCE MARITIME.

Pour me résumer : je viens d'analyser quelques-unes des fictions qui prennent corps au moyen de métaphores juridiques, entre autres celle qui suppose que des lieux et des choses actuellement en dehors de la juridiction territoriale d'un Etat, demeurent quand même situés dans la limite de cet Etat, afin de grouper et d'unifier les lois qui les concernent. Cette fiction d'exterritorialité s'applique, du consentement général, aux résidences comme aux personnes des ambassadeurs et des agents diplomatiques, en pays étranger. Et, somme toute, elle exprime avec une suffisante exactitude les règles sur la matière. La plupart des peuples l'appliquent également aux portions de mer qui joignent les côtes et que l'on considère comme représentant les eaux territoriales d'un Etat, c'est-à-dire comme formant, autant que l'eau se peut assimiler à la terre ferme, partie du territoire de cet Etat. Finalement, quelques communautés prétendent qu'un navire marchand devient en pleine mer exterritorial, — ou rentre dans la même situation que le territoire du pays auquel il appartient. A ce dernier point de vue, la fiction dont je parle s'est trouvée mêlée à une branche très importante du Droit, au Droit de Belligérance Maritime; et ceci va me servir, à point, de transition pour aborder un sujet, que j'aurais pu traiter en plus d'un endroit de mon cours, mais que je préfère introduire dans cette partie de nos leçons pour diverses raisons probantes. C'est un département du Droit qui avait acquis une importance extrême à la fin du dernier siècle et au commencement du siècle présent; il a longtemps offert, il offre même encore, un champ de polémiques acerbes; c'est, de plus, un chapitre où l'on a tenté récemment une grande réforme du Droit international. — Et, bien que la tentative ait partiellement échoué, l'échec mérite, dans sa cause même, notre attention pour quantité de motifs; il met en lumière certaines faiblesses du régime international; il soulève d'ailleurs la question très grave de savoir quels sont les vrais intérêts de l'Angleterre dans une réforme qui a presque obtenu l'assentiment de tout le monde civilisé.

Je vais donc traiter de la belligérance navale ou maritime dans ses effets sur les puissances belligérantes et neutres. Les éléments de la question sont fort simples. Lorsque deux Etats se déclarent la guerre, les navires publics et privés de l'un sont, relativement à l'autre, autant d'objets de propriété mobilière flottant sur l'eau. La capture de l'un de ces objets par un navire de l'autre belligérant se règle, à première vue, d'après les mêmes principes que la saisie d'un meuble précieux sur terre, par un soldat ou par une troupe de soldats. A cet égard, la loi nous vient en ligne directe du Droit romain. La propriété de l'ennemi est une de ces choses que le Droit romain, dans ses plus vieux chapitres, considère comme *res nullius*, comme n'étant la propriété de personne. On peut s'en emparer, tout comme d'un oiseau ou d'un animal sauvage, dont on se saisit avec l'intention de le garder. Mais il est expressément entendu que, si l'animal s'échappe, il cesse d'être la propriété du capteur ; et la question se pose alors dans les termes suivants : Quand la propriété capturée sera-t-elle assez soumise à la possession pour devenir la propriété définitive du capteur?

C'était là un point très discuté entre commentateurs du Droit romain. Quelques-uns, — Grotius, entre autres, — soutenaient que la seule épreuve convenable était celle du temps, et que le capteur devait posséder la chose pendant au moins vingt-quatre heures. On peut retrouver un souvenir de cette règle dans la prétendue faculté pour le capteur maritime de détruire le navire qu'il vient de prendre, si les moyens lui manquent de le mener au port. Toutefois, il existe une autre règle d'origine romaine qui avait graduellement supplanté la précédente. Le capteur devait conduire la propriété capturée *infra præsidia*, — à l'intérieur des lignes fortifiées d'un camp romain. Ceci, appliqué à la guerre maritime, signifierait aujourd'hui soit un port appartenant au pays du capteur, à la différence d'une rade ouverte, soit le port d'un allié du capteur, soit le port d'une puissance neutre. Comme il est dit quelquefois, le navire doit être remis en main militaire, ou, si l'on veut, dans un état de possession dont on ne puisse le tirer que par force. Mais, pour que le capteur puisse recueillir tout le bénéfice de sa capture, il lui faut encore satisfaire à un autre condition. Le navire capturé et sa cargaison, aussi bien que la cargaison appartenant à l'ennemi quoique rencontrée dans un navire neutre, doivent être conduits devant un tribunal ou Conseil des prises et adjugés comme prise légitime. Jusqu'à cette adjudication, l'acheteur de la propriété capturée ne pourrait être sûr d'avoir un titre complet, et ne saurait prétendre en obtenir toute la valeur s'il venait à la vendre.

Les tribunaux de prises sont quelquefois appelés tribunaux internationaux; et, sans doute, le Droit international moderne les reconnaît dans une certaine mesure. Mais, en principe, l'établissement d'un Conseil des prises relève du Droit positif, municipal; et le souverain de l'Etat qui l'établit lui confie la mission de décider si le navire, ou la cargaison, est ou non de bonne prise. Au point de vue abstrait, son rôle est de tranquilliser la conscience du souverain, en lui garantissant la validité des captures faites par ses sujets. C'est d'ailleurs ce dernier qui demeure toujours, en théorie, censé répondre des décisions du Conseil. Cependant, en réalité, le vrai rôle d'un Conseil des prises est de prononcer entre les sujets du souverain belligérant et les sujets des Etats neutres. Tantôt, des biens neutres forment une partie de la cargaison rencontrée dans le navire ennemi que l'on vient de capturer légalement ; tantôt, une cargaison, appartenant à l'autre belligérant, se découvre en pleine mer dans un navire neutre ; tantôt, enfin, le navire conduit au port peut avoir été saisi illégalement, parce qu'il se trouvait dans les eaux territoriales d'un Etat neutre, ou par suite d'une attaque irrégulière effectuée dans ces eaux. Dans l'un et l'autre cas, la capture est interdite. Si le souverain belligérant l'autorisait, il se rendrait coupable d'un outrage contre un neutre inoffensif.

La capture de navires ou de cargaisons appartenant à un belligérant par les navires armés de l'autre, relève des chances de la guerre ; et le capteur ne saurait beaucoup se plaindre d'avoir à conduire sa prise jusqu'au port, pour l'y faire condamner. Quant au navire capturé, sa mésaventure est adoucie quelque peu par l'usage de ce que l'on appelle la « rançon. » Le commandant qui consent à promettre une somme fixe pour sauver le navire ou la cargaison, rédige un papier connu sous le nom de « lettre de rançon. » On l'écrit en double. L'officier capteur prend l'une des copies ; le commandant du navire capturé, l'autre ; et la lettre de rançon sert de sauf-conduit pour ce navire, pendant son voyage au port qu'on lui spécifie. Il se trouve garanti contre une nouvelle capture par les croiseurs du belligérant adverse, à moins qu'il n'ait tellement changé de route qu'on puisse le soupçonner de vouloir s'échapper.

Les vrais risques de capture en mer, auxquels une grande partie du public ne peut, encore même aujourd'hui, se résigner, sont ceux qui affectent les neutres. Si un navire ennemi contient en mer une cargaison neutre, le neutre doit accepter de voir sa propriété conduite au port où sera condamné le navire; et, bien entendu, il doit renoncer à l'espoir d'y obtenir un marché favorable, encore que sa propriété ne soit point susceptible de capture. Si le navire neutre renferme, de son aveu, une cargaison ennemie, le capitaine doit se soumettre au transbordement de ses marchandises. Ce sont là des règles d'une très haute antiquité. On les rencontre dans l'un de ces ouvrages qui font autorité en Droit international, mais qui sont bien antérieurs à ses origines authentiques. Le *Consolato del Mare*, que l'on suppose résumer les usages maritimes des mers qui formaient le bassin de la Méditerranée, nous offre des lois très diverses quant à la capture des vaisseaux neutres et des cargaisons neutres, aussi bien que des cargaisons ennemies dans des coques neutres. A l'époque où ces usages prirent naissance, les mers en question étaient remplies de petits ports commerciaux, tous s'occupant au même titre d'industrie et d'exportation, tous situés d'ailleurs à médiocre distance les uns des autres. La règle que nous étudions s'adaptait parfaitement, à l'origine, aux relations courantes de ces souverainetés minuscules ; et, que ce soit bien là sa provenance, c'est ce qu'indiquent les clauses relatives à l'interruption du voyage, par exemple les règles qui forcent le navire neutre à changer de route pour se rendre au port du capteur, et qui lui assignent une indemnité pour sa perte de temps. L'état des mers que je viens de décrire, — bordées d'un certain nombre de petites villes, qui se livrent à un commerce effectif, et que ne sépare point une longue navigation, — sert beaucoup à nous expliquer cet ancien Droit maritime. Mais, à mesure que les puissances navales grandissaient en force l'une après l'autre, et finissaient par apprécier les avantages de la neutralité, les vieilles règles commencèrent d'exciter le mécontentement ; et le désir se manifesta bientôt d'un régime plus simple et plus général. Il en est un qui fit alors son apparition, et que l'on accueillit, en somme, d'un œil très favorable. On le formule quelquefois par une sorte d'assonance qui n'implique pas une antithèse positive : « navire ennemi, biens ennemis; navire libre, biens libres. » Toute cargaison rencontrée dans un navire hostile peut être de bonne prise. Si le navire lui-même appartient à un neutre, toutes les marchandises seront traitées comme propriétés neutres et ne seront point sujettes à capture. La France tenait d'un côté pour une règle sévère aboutissant à la confiscation d'un navire neutre, dès qu'il transportait une cargaison hostile; tandis que les Hollandais préféraient un système plus indulgent à l'égard des neutres; et finalement la France elle-même prit ce dernier système sous son patronage.

Depuis lors, plus d'un traité avait été conclu entre Etats civilisés, qui renfermait, soit ces deux règles à la fois, soit l'une d'elles. Néanmoins, le principe qui permet au belligérant de capturer, partout où elle se rencontre, la cargaison ennemie continuait en somme de servir de base au Droit international. La première tentative délibérée pour effectuer une réforme générale du principe fut entreprise à la fin de la guerre de Crimée. Et, en 1854, les puissances qui avaient pris part ou qui avaient été le plus directement intéressées à cette guerre, publièrent ce que l'on nomma la Déclaration de Paris. Après avoir rappelé que le Droit maritime en temps de guerre était devenu le sujet de contestations regrettables, que l'incertitude de ce Droit donnait lieu à des divergences d'opinions qui pouvaient faire naître des difficultés sérieuses et même des conflits, les plénipotentiaires réunis à Paris, cherchant à introduire dans les rapports internationaux des principes fixes sur ce point, déclarent adopter les règles succinctes qui suivent et qu'ils désirent voir acceptées en pratique : 1° la course est et demeure abolie; 2° le pavillon neutre couvre la marchandise ennemie, à l'exception de la contrebande de guerre; 3° la marchandise neutre, à l'exception de la contrebande de guerre, n'est pas saisissable sous pavillon ennemi; 4° les blocus, pour être obligatoires, doivent être effectifs, c'est-à-dire maintenus par une force suffisante pour interdire réellement l'accès du littoral à l'ennemi. Bref, le résultat montre que l'on adopta la maxime « navire libre, biens libres; » mais l'autre maxime qu'on lui accouple si fréquemment, « navire ennemi, biens ennemis, » fut repoussée.

La Déclaration de Paris reçut l'adhésion de toutes les puissances qui avaient figuré dans la guerre de Crimée. Il sembla, pendant quelque temps, qu'elle obtiendrait l'assentiment de tout le monde civilisé, offrant ainsi, pour la première fois, le grand exemple d'une réforme du Droit des gens qui reposât sur la base d'un engagement exprès, au lieu de l'ancienne base des précédents et des vieilles règles. Mais lorsque la Déclaration fut soumise aux Etats-Unis, le Gouvernement de ce pays protesta contre l'article premier : « la course est abolie. » — Un corsaire est un navire privé, armé, en vertu d'une commission d'un souverain belligérant, pour courir sus au commerce de l'ennemi, et que l'on récompense par une part de butin, qui, dans ces derniers temps, s'est élevée presque à la totalité de la prise. Les raisons alléguées pour le refus des Etats-Unis par M. Marcy, alors Secrétaire d'Etat, semblaient assez plausibles.

« Les Etats-Unis considèrent les flottes nombreuses et les grandes armées permanentes comme organisées au détriment continu de la prospérité nationale et au danger perpétuel de la liberté civile. Leurs frais d'entretien sont onéreux pour le peuple. Elles sont, dans une certaine mesure, une menace constante pour la paix des nations. Une force imposante, toujours prête au service de la guerre, induit en tentation de s'y risquer. La politique des Etats-Unis a toujours été, et continue d'être maintenant plus que jamais, hostile à ces sortes d'établissements; et jamais on n'obtiendra qu'elle adhère à un changement du Droit international qui puisse lui imposer la nécessité de maintenir une marine puissante ou une grande armée permanente en temps de paix. Si les Etats-Unis se voyaient contraints de venger leurs droits par les armes, ils accepteraient, dans l'état présent des rapports internationaux, de se confier à des corps de volontaires pour les opérations à poursuivre sur terre, et, dans une mesure assez importante, à leur marine marchande pour la protection de leur commerce. Si le pays se trouvait privé de ces ressources, il serait obligé de changer de politique et d'adopter une attitude militaire aux yeux du monde. En s'opposant aux efforts tentés pour modifier le Droit maritime actuel qui pourraient amener ce résultat, les Etats-Unis s'élèvent au-dessus de leur intérêt propre, et gardent en vue les intérêts des peuples qui ne semblent point destinés à devenir des puissances maritimes prépondérantes. La situation de ces peuples est, à cet égard, la même que celle des Etats-Unis; et, pour eux aussi, la protection du commerce comme le maintien des relations internationales en temps de paix, réclament non moins énergiquement qu'aux Etats-Unis, une résistance aux changements que l'on propose d'introduire dans le Droit fixe des nations. Pour ces puissances, l'abandon du droit de recourir à la course aurait des conséquences essentiellement contraires à leur prospérité commerciale, sans le moindre avantage compensateur....

» On ne devrait, certes, éprouver aucune surprise de voir les grandes puissances navales prêtes à abandonner l'emploi des corsaires qui leur est relativement inutile, pourvu que les puissances inférieures acceptent de renoncer à leurs ressources les plus effectives pour défendre leurs droits maritimes. Il est sérieusement à craindre, dans l'opinion de notre Gouvernement, que, si l'on abandonne l'emploi des corsaires, la domination des mers soit livrée aux puissances qui prendraient le parti, et posséderaient le moyen, d'entretenir de grandes flottes. Celle qui aurait décidément la supériorité, serait la maîtresse virtuelle de l'Océan; et la suppression de la course ne ferait qu'affermir cette domination. Une telle puissance engagée dans une guerre avec une nation inférieure en forces navales, n'aurait rien à faire pour la sécurité et la protection de son commerce, sinon de surveiller les navires de la marine régulière ennemie. Elle pourrait tenir ces derniers en échec avec la moitié, ou moins de la moitié, de ses propres forces maritimes ; et le reste pourrait servir à balayer le commerce ennemi de la surface de l'Océan. D'ailleurs, les conséquences dangereuses d'une immense supériorité navale, ne diminueraient guère pour les Etats plus faibles, si cette supériorité se répartissait entre trois ou quatre grandes puissances. Il est indubitablement de l'intérêt de ces Etats plus faibles, de décourager et de contrecarrer une mesure qui favorise le développement des organisations maritimes régulières. »

On doit remarquer, à ce propos, que cette opinion, bien que très compréhensible, n'a pas toujours prévalu ; et que, dans les premiers temps de leur histoire, les Etats-Unis avaient, par l'intermédiaire de Benjamin Franklin, négocié, en 1785, un traité avec la Prusse, où l'on stipulait qu'en cas de guerre, aucune des deux puissances ne délivrerait de lettres de course. D'autre part, l'un des premiers Présidents de l'Union américaine, Monroe, avait posé en principe qu'il est indigne d'un Etat civilisé de piller la propriété privée durant son transit par mer. Le refus des Etats-Unis d'accéder à la Déclaration de 1854 a eu pour résultat d'empêcher cette Déclaration de devenir partie intégrante du Droit général des autres civilisations. Car l'assentiment d'un Etat destiné peut-être à devenir le plus puissant du monde, et qui est certainement aujourd'hui le plus puissant des Etats neutres, lui fait défaut. Mais le Gouvernement des Etats-Unis ajouta qu'il était disposé à adhérer à la Déclaration sous une forme modifiée, si l'on exemptait de capture toute propriété privée à la mer, ainsi qu'il en devait être d'après l'opinion du Président Monroe. Et nous avons de bonnes raisons de croire que, si les signataires de la Déclaration voulaient s'entendre sur cette immunité de la propriété privée, les Etats-Unis retireraient leur objection contre la suppression de la course.

L'article 1er de la Déclaration fut invoqué dans un débat qui s'éleva entre les Gouvernements français et prussien, pendant le conflit de 1870. Le Gouvernement prussien, qui allait bientôt se fondre dans celui de l'Allemagne, avait proposé de lever une marine volontaire. Tous les gens de mer, en Allemagne, devaient s'enrôler dans une marine fédérale, pour la durée totale de la guerre alors engagée. Le Gouvernement français protesta contre cette tentative comme contraire à l'article Ier de la Déclaration. Il soutint que c'était en quelque sorte ressusciter la course. Plusieurs auteurs, y compris M. Calvo (1), et dans une certaine mesure M. Hall, ont appuyé cette manière de voir. Mais il est telle des conditions dans lesquelles on se proposait d'établir ce service, par exemple l'obligation pour les volontaires de porter un uniforme, l'incorporation des forces nouvelles dans la marine existante, enfin le serment d'obéissance militaire aux règles de la discipline, qui rangent à mon sens ces marins volontaires hors de la catégorie des corsaires. Toujours est-il que le décret en cause ne fut jamais mis à exécution.

On voit d'après la Déclaration de Paris, dont je viens de donner le texte, qu'il existe deux cas où ses règles ne peuvent s'appliquer : d'abord, lorsqu'un navire transporte de la contrebande de guerre; puis, lorsqu'un navire entreprend de forcer l'entrée d'un port bloqué. La loi relative à la contrebande de guerre et la loi du blo-

(1) [*Le Droit International Théorique et Pratique*, Paris, Guillaumin. 4e éd., 1888.]

cus ne sont donc pas modifiées par la réforme poursuivie sous l'empire de la Déclaration de Paris, sauf en ce point qu'un principe longtemps contesté s'applique désormais au blocus.

Dès l'origine même du Droit international, les belligérants ont reçu l'autorisation d'empêcher un neutre quelconque de fournir à leur ennemi les objets susceptibles d'être immédiatement utilisés pour la lutte. Ce sont là les objets que l'on appelle en termes techniques « contrebande de guerre, » et que l'on peut confisquer indépendamment de toute discussion relative à la neutralité du propriétaire. Le navire et la cargaison sont emmenés dans l'un des ports du capteur. La contrebande est condamnée par un Conseil des prises. Mais le sort du navire même peut varier. Si le navire appartient au propriétaire de la contrebande, ou si le propriétaire du navire est complice du transport de la contrebande, le navire sera condamné. Il n'en sera pas de même si le navire appartient à un propriétaire différent, qui ne sache rien de la destination des objets figurant la contrebande. Cette branche du Droit international ne laisse pas que d'être complexe et difficile; mais elle doit sa difficulté et sa complexité à une question toute spéciale. Quels sont les articles à l'index sous le nom de contrebande? Dès le début, Grotius avait établi que les objets immédiatement utilisables pour la guerre — les armes, par exemple — étaient de contrebande. Il avait également posé en règle générale que les objets inutiles pour la guerre, les objets de luxe, comme il les appelait, n'étaient pas de contrebande. Mais, en dehors de ces deux catégories, il existait un grand nombre de fournitures susceptibles d'emploi aussi bien en temps de guerre qu'en temps de paix — *res ancipitis usus* — et c'est à leur sujet que se sont élevées d'innombrables questions. Les articles de construction navale, par exemple, les matériaux bruts des voiles et des cordages, sont-ils de contrebande? Le deviennent-ils à un moment quelconque de leur manufacture? Le fer, le bronze, l'acier, etc... rentrent-ils dans la contrebande? Le charbon et les chevaux en font-ils partie? Les provisions sont-elles aussi de contrebande? — A ces réclamations multiples on a donné toute sorte de réponses. En maint ouvrage spécial sur la matière, on énumère des marchandises de contrebande et de non contrebande; mais la pratique des Etats varie à l'extrême. En somme, la règle la plus générale que l'on puisse formuler, est que, à l'exception des armes ou des munitions de guerre, le caractère de la cargaison, quant à son aspect de contrebande ou de non contrebande, doit dépendre de sa destination et de la nature de la guerre qui se poursuit. L'objet que l'on a le plus récemment essayé d'introduire sur la liste, à titre de contrebande, est le charbon. L'Angleterre, le principal exportateur de charbon, refuse d'admettre que ce dernier soit nécessairement de contrebande. Néanmoins, pendant la guerre de 1870, le Gouvernement anglais refusa de laisser ravitailler de charbon anglais une division française mouillée dans la mer du Nord. Les discussions les plus véhémentes peut-être sont celles qui touchent aux vivres. A la fin du dernier siècle, lorsqu'eut éclaté la grande guerre de la Révolution, les hommes d'Etat anglais s'imaginaient que la population française était sur le point de mourir de faim. Et que les Français souffrissent effectivement beaucoup du manque de nourriture, c'est ce qui est aujourd'hui pleinement démontré. Le Gouvernement anglais saisissait, en conséquence, tous les navires chargés de vivres à destination d'un port français. Persuadée que l'ennemi était sur le point d'abandonner la lutte, faute de subsistances, l'Angleterre lui refusait de laisser accroître son approvisionnement. Mais, à ce moment même, les Etats-Unis étaient devenus la puissance neutre qui jouissait par excellence des privilèges du transport commercial. Aussi, le Gouvernement des Etats-Unis publia-t-il une série de protestations véhémentes contre la thèse que les vivres pussent revêtir, en aucun cas, le caractère de contrebande. Il est probable qu'à l'avenir ces provisions ne seront regardées comme contrebande qu'autant qu'elles iront à destination d'un port où se rencontrera la flotte ennemie. Le seul point sur lequel je veuille ici fixer l'attention, est que le critérium des articles qui sont de contrebande de guerre n'est pas encore tranché.

Le second chapitre du vieux Droit que n'ait point affecté la Déclaration de Paris, est celui du blocus. Le blocus se définit l'interruption par un belligérant de l'accès d'une place, ou d'un territoire, qui se trouve en la possession de l'ennemi. Le blocus n'existe probablement que dans le cas d'hostilités maritimes; mais il offre extérieurement des ressemblances considérables avec un siège par la voie de terre; et la loi du belligérant qui agit sur la terre ferme a visiblement influencé la loi du belligérant qui agit sur mer. Cependant, au fond, l'objet d'un blocus et l'objet d'un siège ne sont pas identiques. Le siège a pour but la capture de la place ou de la ville forte assiégée. Le blocus a pour but de peser sur la population d'un port, ou sur la population du pays intérieur, en lui refusant toute communication commerciale ou autre, avec les parties du monde qui ne lui seraient accessibles que par mer. C'est à quoi l'on arrive en s'appuyant sur les règles du Droit international qui permettent aux navires bloquants de capturer les navires du belligérant adverse, pour peu que ces derniers essaient d'entrer dans le port bloqué, ou d'en sortir, ou même s'ils prêtent raisonnablement au soupçon d'entretenir ce dessein.

Deux grandes conditions s'imposent pour la capture des vaisseaux neutres par une escadre bloquante. La première est que les neutres soient avertis de l'existence du blocus. La manière d'en donner la notification requise par la loi, varie suivant les pays. La France et quelques autres contrées notifient le blocus individuellement, à chaque navire que rencontrent leurs croiseurs, et veillent à l'inscription de cette rencontre sur les papiers du bord. L'Angleterre et les Etats-Unis publient la notification sur leur propre territoire, et communiquent la nouvelle du blocus aux puissances étrangères. Dans les circonstances actuelles, où les informations se répandent à l'instant par tout le monde civilisé au moyen de la presse et du télégraphe électrique, la pratique des Anglais et des Américains paraît assurément suffisante. Il n'est guère possible que l'on demeure aujourd'hui dans l'ignorance d'un blocus solidement établi.

La seconde condition est celle que mentionne la Déclaration de Paris. Le blocus doit être effectif, c'est-à-dire maintenu par une force navale assez nombreuse pour entraver sérieusement l'accès du littoral bloqué. C'est la tentative pour échapper secrètement à des forces en somme adéquates, qui constitue l'infraction dont les suites exposent les navires neutres à la capture, — et que l'on appelle « forcer le blocus. » L'importance que l'on attache à la suffisance du blocus, est un legs du siècle dernier. Il n'est presque aucun pays qui, à un moment ou un autre, n'ait été accusé d'établir ce que l'on appelait un « blocus sur le papier, » c'est-à-dire, d'annoncer officiellement le blocus d'une portion de côte, sans l'appuyer de forces navales suffisantes. On considérait, à juste titre, qu'un blocus de ce genre créait le maximum d'ennui pour les neutres consciencieux, tout en laissant au maximum des aventuriers neutres sans scrupule, le loisir de pénétrer dans les lignes bloquées. Rien ne saurait justifier l'interdiction absolue d'une portion de littoral, au commerce neutre, en dehors des mesures qui doivent vraisemblablement assurer la fin qu'on se propose. Un blocus doit, en thèse générale, se maintenir d'une façon continue, sauf les exceptions légitimes, — telles que le cas où les navires, chassés par l'orage, seraient obligés de fuir devant le temps.

VI

LA DÉCLARATION DE PARIS.

Un trait remarquablement curieux du Droit international est la vitalité très différente que possèdent à l'épreuve ses diverses parties. Les plus vieilles règles qui entrent dans sa structure sont tout uniment des préceptes religieux ou moraux que, d'habitude, on applique d'homme à homme; mais les auteurs internationaux les ont, par la suite, modifiés de telle sorte qu'ils deviennent susceptibles de s'appliquer d'Etat à Etat. A côté de ces règles, il s'en trouve d'autres, héritées des plus profondes couches du Droit romain, — règles d'une grande simplicité, qui se distinguent en même temps par une forte dose de sens commun. Ces règles sont encore vivantes, et peuvent s'utiliser encore pour la solution des questions internationales. D'autre part, il est des chapitres du Droit international, relativement modernes, éminemment complexes, ayant eu, de leur temps, une haute importance, mais qui sont devenus aujourd'hui totalement surannés par suite de changements dans l'état social ou les relations des peuples. On en peut citer, comme un excellent exemple, la règle autrefois connue sous le nom de « Règle de la guerre de 1756. » — Si vous lisez une polémique internationale remontant aux dernières années du siècle passé, ou si vous jetez un coup d'œil sur les décisions émanées des tribunaux de l'époque, vous rencontrez des allusions à cette règle, qui finit par devenir la cause d'un grave dissentiment entre l'Angleterre et les Etats-Unis, — dont l'existence à titre de communauté souveraine n'était pas encore admise lorsque, pour la première fois, on entendit parler de la règle. L'Angleterre, ainsi que probablement toutes les nations du continent européen, adhérait au principe que le commerce avec les colonies et les dépendances formait le privilège exclusif des sujets de la mère-patrie. Or, la question s'était élevée de savoir si la guerre introduisait quelque variante dans ce monopole. Lorsque la mère-patrie devenait belligérante, la route que suivait le commerce colonial se trouvait moins obstruée qu'en temps ordinaire. Les navires chargés de surveiller les tentatives de l'étranger pour se glisser pendant la paix sur cette route, pouvaient être chassés au loin par les vaisseaux du belligérant adverse; et, la voie s'ouvrant ainsi davantage, les neutres essayaient constamment de s'engager dans un commerce qui leur eût été interdit en temps de paix. Quelle devenait alors la conséquence des empiétements des neutres sur ce privilège? On prétendait, pour la défense du trafic neutre, que nul autre n'étant en mesure d'entreprendre le transport des marchandises, le droit lui appartenait d'en recueillir le bénéfice. Les Cours de justice, en Angleterre, refusèrent d'accepter l'argument et décidèrent que tout vaisseau neutre engagé dans un commerce de ce genre, était passible de capture. Telle est la Règle de la guerre de 1756, qui déniait aux armateurs neutres le droit de participer au commerce dont la mère-patrie, ou le pays souverain, s'arrogeait le monopole à l'égard d'une dépendance. C'est ainsi qu'il existait, à cette époque, une clause interdisant d'exporter d'Irlande certains articles; et, naturellement, le commerce de l'Inde, qui demeurait aux mains d'une Compagnie spéciale, s'ouvrait encore moins aisément aux trafiquants sans privilège. Mais cette règle, avec l'état de choses qu'elle implique, sont maintenant tout à fait en désuétude; et non moins arriérées sont les discussions qui remplissaient autrefois les livres à son sujet. Ce furent les Etats-Unis, alors tout nouveaux dans leur rôle de communauté souveraine, qui, les premiers, contestèrent le plus énergiquement la légitimité du principe. Et, somme toute, c'est à leur influence indirecte qu'il doit d'avoir été détruit. Leur fortune témoigna bientôt que l'indépendance engendrait un grand accroissement de richesse nationale; et la productivité manifeste du commerce libre vint saper les anciennes doctrines coloniales, tandis que le succès des Etats-Unis, dans l'affirmation de leur indépendance, souligna l'indubitable danger de prétendre contrôler des dépendances aussi vastes et aussi lointaines.

Des questions d'un ordre particulièrement intéressant s'élèvent à l'occasion des quatre articles de la Déclaration de Paris, le régime par excellence pour la réforme actuelle du Droit maritime, et qui, n'eût été une seule et unique dissidence, serait devenue la loi de tout le monde civilisé. Cette Déclaration maintient en vigueur deux subdivisions départementales de l'ancien Droit des gens, en les conservant à très peu près dans leur état originel, — le Droit de contrebande de guerre et le Droit de blocus. Nous pouvons, à ce propos, nous demander s'il est probable que ces branches du Droit survivent désormais longtemps, même avec les altérations minimes qu'y introduisent les arrangements conclus à Paris. J'ai fait observer que la liste des articles de contrebande, au point de vue de la guerre, n'était pas encore close. La proposition d'inclure certaines choses dans leur catégorie n'a pas été, pour plus d'un objet, rejetée définitivement. Tandis que, d'autre part, comme il est très généralement admis que les marchandises peuvent devenir contrebande à raison des circonstances propres d'une guerre spéciale, de nouveaux genres de contrebande peuvent encore parfaitement faire leur apparition. Les articles sur lesquels on a peut-être le plus discuté sont ceux qui viennent à la suite de la première classe et en tête de la seconde : la première classe comprenant les munitions de guerre ; la seconde, les objets qu'en Droit international on qualifie « d'usage douteux, » — les bois de construction, la toile à voile, le chanvre après les premières manipulations, les cordages, la poix, le goudron. Lord Stowel, dans le doute, penche pour l'affirmative, et donne comme raison que les guerres devenant de plus en plus maritimes, les articles les plus utiles pour les navires ou la propulsion des navires, ont de plus en plus de chance d'être considérés comme munitions de guerre (1). La question a suscité des controverses sans fin. Des discussions réitérées se sont élevées avec les Puissances baltiques, dont les territoires produisaient, le plus souvent, les matières premières des objets en litige. Nombre de traités contiennent des listes d'articles de contrebande; et, à quelques-uns de ces traités, l'Angleterre elle-même a pris part. Le principe que le Gouvernement anglais avait professé mainte fois, était que l'on pouvait s'emparer des articles maritimes; mais que, à la différence des articles de simple contrebande, le capteur devait les payer. Or, les changements dans la construction et la propulsion des navires tendent à rendre inutile ce genre de contrebande ou de quasi-contrebande. La vapeur diminue l'utilité de la voile ainsi que sa surface. La coque de plus en plus se construit en fer. Le fil de fer même remplace le cordage dans le gréement. Il se peut que les articles

(1) [Cf. Robinson, *Admiralty Reports*.]

maritimes soient un jour retranchés de la liste des objets de contrebande, tandis que l'on insistera pour y introduire des articles inoffensifs, comme les vivres et le charbon.

La seconde exception aux immunités de la propriété neutre est le cas de la propriété transportée dans un navire qui tente, ou que l'on peut raisonnablement soupçonner de tenter, l'entrée d'un port en état de blocus. Au siècle dernier, les belligérants regardaient le blocus comme un moyen très efficace de nuire à l'ennemi. Et, sur une grande partie du continent européen, les grands centres commerciaux ainsi que les stations fortifiées pour les navires sont, en effet, les plus exposés aux blocus. Interdire aux vaisseaux neutres l'accès ou la sortie de ces ports suffisait pour causer un tort considérable au commerce; et l'appauvrissement du port bloqué équivalait à l'appauvrissement du pays d'alentour. Que si des navires de guerre se trouvaient immobilisés dans le port, on diminuait d'autant le chiffre des forces combattantes de l'ennemi. Brest et Toulon subirent un blocus rigoureux pendant toute la durée des grandes guerres de la fin du dernier siècle ou du commencement de celui-ci. L'Angleterre se trouva de nouveau belligérante pendant la guerre de Crimée; et quelques blocus, sans grande importance peut-être, furent dirigés contre les ports de la Baltique ou de la mer Noire. En revanche, pendant la guerre d'Amérique, entre les Etats du Nord et du Sud, l'Angleterre demeura neutre, — les Etats-Unis ayant eux-mêmes fini par reconnaître que les combattants se trouvaient dans le cas de belligérance. Toutefois, il devint aussitôt manifeste qu'un changement considérable venait de se produire. La vapeur permit à la marine d'ailleurs restreinte des États du Nord, de maintenir en état de blocus suffisamment effectif, presque toute la côte des Etats sudistes confédérés. Par contre, la vapeur facilita longtemps les opérations des forceurs de blocus (*Blockade-Runners*). Mais, derrière les ports des Etats sudistes, se trouvait un sol riche et fertile, appartenant à des territoires que sillonnaient de nombreuses lignes de chemins de fer. L'effet des blocus fut donc tout différent de celui des grandes guerres de France. Les objets de première nécessité arrivaient aisément de l'intérieur, dans les ports fermés; et le blocus ne réussit qu'à élever le prix des objets de luxe, toujours importés du dehors. Si, donc, nous considérons la situation présente du Globe, nous voyons qu'il n'est en Europe aucune puissance continentale de quelque importance qui ne rattache par des voies ferrées l'ensemble du pays qu'elle possède, et qui ne se relie ensuite, par des raccordements, à tout le reste du réseau continental. Un blocus pourrait encore faire monter le prix des nécessités ou des commodités de la vie. Mais, à moins d'être appuyé par un siège sur terre, il ne saurait empêcher d'entrer dans la place bloquée, en quantité suffisante et même abondante, les objets utiles ou de simple agrément. Il ne pourrait suspendre le commerce; il ne peut que le détourner. Un trafic terrien remplacerait immédiatement le trafic maritime. C'est à peine si un seul produit des colonies pénétrait dans les ports bloqués pendant les grandes guerres de France. Aujourd'hui, ils afflueraient par une douzaine de brèches ouvertes dans l'Europe orientale ou nord-orientale. Il se peut aussi qu'aucune partie de l'Amérique du Nord ne puisse être désormais bloquée de façon à nuire sérieusement au pays qu'elle couvre. On a construit des chemins de fer sur une vaste échelle dans les Etats de l'Est, et les manufactures se sont immensément multipliées. L'Amérique du Sud, dont la richesse s'accroît rapidement, mais dont les communications par chemins de fer sont insuffisantes, serait peut-être la seule partie du monde où les neutres auraient avantage à opérer, et où les blocus seraient de quelque utilité pratique.

Le fait que, dans les guerres maritimes de l'avenir, on constatera probablement la transformation de ces deux branches du Droit international, non parce que les opinions se seront modifiées, mais à cause du développement industriel, — nous donne peut-être lieu de soupçonner que le nouveau Droit maritime, créé par la Déclaration de Paris, ne tardera pas à nous paraître suranné, encore qu'il ne soit guère vieux de plus de trente ans. La situation présente est celle-ci. Le commerce neutre se trouve libéré de toute entrave, de toute interruption. La course est abolie quant à la plupart des pays du globe. Mais les Etats-Unis refusent de reconnaître les nouvelles immunités des neutres, parce qu'ils ne veulent pas abandonner le droit de course. Or, si, dans une guerre nouvelle, on essaie d'imposer aux neutres les clauses de la loi qui leur sont défavorables, les communautés neutres adonnées au commerce se transformeront probablement en belligérantes; la faculté d'utiliser ses propres navires, en même temps que les navires étrangers, pour les armer en course, fera de l'Union Américaine un formidable adversaire. La question est donc de savoir s'il vaut la peine d'amender la Déclaration de Paris et de la rendre d'application universelle en acceptant les autres réformes que proposent les Etats-Unis, c'est-à-dire en exemptant la propriété privée de toute capture et en abolissant la course.

Demandons-nous, d'abord, quel but on est censé poursuivre quand on soumet en temps de guerre la propriété de l'ennemi aux risques de capture, soit dans ses propres navires, soit dans les coques neutres. Le pays qui applique la loi n'en tire aucun avantage direct, parce que, d'après l'usage courant, tout navire capturé dans les règles appartient au capteur, et non pas à l'Etat. On suppose que sa perte nuit à l'ennemi; qu'elle affaiblit son commerce; qu'elle élève de beaucoup, à son détriment, le prix de maint objet de luxe ou d'utilité; et que, par dessus tout, elle atteint sérieusement son capital. Il faut pourtant observer ici que cet aspect du Droit maritime, adopté même par les juristes internationaux, ne répond pas tout à fait à la réalité. Si l'on en croit une métaphore du siècle dernier, les opérations d'une campagne navale ressemblaient à la poursuite d'un vol de pigeons voyageurs par un vol de faucons. Mais qui voudrait aujourd'hui rééditer cette image devrait oublier d'abord l'énorme développement dont a bénéficié, dans la pratique, l'assurance maritime. Il peut arriver, à l'égard des risques de guerre, comme dans le cas d'assurance contre les dangers de la mer, que la capture d'un navire, adroitement escomptée, enrichisse son armateur au lieu de l'appauvrir. Sans doute, l'élévation des primes d'assurances peut frapper une nation et diminuer son capital. Mais la perte se répand sur quantité de gens. Elle retombe sur la classe aisée ; et il faudrait qu'une guerre traînât beaucoup en longueur pour que l'élévation des assurances maritimes devînt sensible à la masse du populaire.

On peut se placer à un autre point de vue général. Dans une guerre où l'agression se maintiendrait sur l'ancien pied, grâce aux forces d'armement que procure la course, la puissance qui a le plus de propriétés sur mer serait la plus atteinte. Le vieux Droit regardait comme admise, non seulement l'égalité des forces navales entre Etats, mais encore celle du commerce et de la propriété risquée. A la quotité de risques correspondra toujours la quotité de pertes. Mais alors se pose la question suivante : Quel intérêt trouvons-nous — quel intérêt trouve la Grande-Bretagne — à refuser une immunité complète de capture à toute propriété privée sur mer? En premier lieu, dans la mesure où le commerce se poursuit par voie maritime, la plus large part en revient incomparablement au Royaume-Uni. Ceci est, en grande partie, la conséquence d'une révolution dans la construction navale. Tant que les navires ont été construits en bois, les puissances maritimes étaient celles qui avaient à leur disposition le plus de bois d'œuvre. Les Etats Baltiques, la Russie, les Etats-Unis, semblaient destinés à monopoliser tour à tour les transports. Les Hollandais faisaient râfle par tout le Globe des bois propres aux constructions navales. Mais aujourd'hui que les navires de tout genre se construisent en fer, le monopole de la construction comme de la possession est passé à la Grande-Bretagne. Nous sommes, à la fois, les constructeurs et les transporteurs du monde entier; et nous souffrons plus qu'aucune autre communauté, de tout danger, de toute interruption, de toute vexation, qui menace le transit maritime.

Mais la considération de beaucoup la plus

sérieuse sur la matière, — je veux dire, la conformité de la Déclaration de Paris avec nos intérêts permanents, — est la question des vivres dans ses rapports avec le Droit maritime, tel que cette Déclaration l'organise. Les hommes d'Etat du siècle dernier, et du commencement de ce siècle, proclamaient sans hésiter que l'intérêt du pays était de tirer du sol anglais la majeure partie des aliments destinés à sa population. Ils étaient accoutumés à la lutte; et la grande guerre de France semblait avoir établi péremptoirement à leurs yeux qu'un pays, qui ne tire point sa subsistance de son propre sol, peut se trouver, à l'occasion, dans un profond embarras. Il est de fait que le prix du blé pendant la guerre de France, et même pendant quelques-unes des années qui suivirent, atteignit un niveau vraiment prodigieux. C'était là le secret de leur protectionnisme, bien plus qu'un penchant naturel pour une doctrine économique quelconque. Ils considéraient que l'inconvénient d'importer les vivres du dehors se déduisait clairement de l'expérience. Depuis cette époque, la rareté des guerres a fait perdre de vue la nature exceptionnelle de notre situation à l'égard de l'alimentation du pays. En ce qui concerne les articles les plus nécessaires à la vie, nous en devons principalement la fourniture à d'autres contrées, séparées de nous par d'énormes distances, — l'Inde et le nord de l'Amérique. Autrement dit, une grande partie de l'alimentation nationale, avant d'atteindre l'Angleterre, ne lui est accessible que par la voie d'un transport maritime très long et susceptible de se laisser très facilement entraver. Sir James Caird, dans un mémoire publié récemment, prétend que les denrées importées dans la Grande-Bretagne pendant l'année 1887, ont dû probablement s'élever à 140 millions sterlings. D'ailleurs, la balance entre les marchandises étrangères et les fournitures domestiques ne saurait se modifier sérieusement. Dans ce même mémoire, Sir James Caird montre que la Grande-Bretagne se transforme d'une façon continue de pays agricole en pays pastoral. De tout temps comme en toute circonstance, il est très difficile de modifier son genre de vie; et la population, que la paix soit ou non solide, se multiplie toujours jusqu'au niveau des subsistances. D'autre part, le prix que nous payons pour nos achats prodigieux de nourriture en d'autres contrées, est au fond soldé par nos manufactures, qui ont pour source dernière notre fer et notre charbon, ainsi que l'héréditaire habileté de nos classes ouvrières. Ainsi, la majeure partie de la nourriture que nous consommons, pendant une année quelconque, ne saurait nous parvenir qu'à la suite d'un long voyage; et le prix qui nous donne le moyen de nous la procurer doit aussi nous rejoindre par un voyage d'égale durée. Ce sont là, bien entendu, des arguments économiques; mais je puis aussi considérer le sujet au point de vue du Droit international. A moins que les guerres ne puissent absolument s'éliminer, avec la certitude de ne les voir jamais revenir, notre situation offre un danger sans pareil. Une partie des fournitures qui sont pour nous question de vie ou de mort, peut nous être apportée sous forme de cargaison neutre avec moins de difficultés qu'avant la promulgation de la Déclaration de Paris. Mais une nation à qui l'on permettrait encore d'employer des corsaires pourrait interrompre et mettre en péril notre approvisionnement sur un grand nombre de points. Et toute nation pourrait faire de même, qui saurait détacher des forces maritimes suffisantes pour une croisière de capture. Il semble donc que la proposition du Gouvernement américain de renoncer à la course, à condition que l'on exempte de toute capture la propriété privée, pourrait aussi bien être soutenue par un ami très sincère de la Grande-Bretagne; son adoption universelle sauverait notre alimentation; elle sauverait les marchandises qui sont le prix de cette alimentation, des atteintes de leurs ennemis les plus formidables; et, du coup, elle désarmerait le plus formidable de ces ennemis.

Je n'ignore pas, forcément, les objections que l'on peut m'opposer. On demandera si les guerres tendraient à diminuer, lorsque les pertes économiques se réduiraient au minimum, et lorsque les hostilités entre peuples se borneraient à des batailles entre champions armés — navires cuirassés, troupes embrigadées, — comme si la lutte devait ressembler à ces conflits des Etats italiens, au Moyen-Age, dont se chargeaient des compagnies franches à la solde de telle ou telle communauté. J'estime que, même ainsi transformée, la guerre perdrait grandement de sa violence. Mais c'est un point que l'on ne saurait considérer comme acquis sans discussion; aussi me réservé-je de le reprendre dans une de nos leçons prochaines, pour le traiter d'une façon complète et décisive.

VII

L'ADOUCISSEMENT DES LOIS DE LA GUERRE.

L'âge où naquit le Droit international était un âge de guerres terriennes. Les conflits de succession et de suzeraineté féodales avaient à peu près disparu. Mais un renouveau d'ardeur combative venait d'accompagner l'éclosion de la Réforme ; et les guerres de Religion comptent parmi les plus furieuses où l'espèce humaine se soit jamais engagée. Les armées d'alors se composaient moins de troupes à la solde de potentats rivaux, que de masses où chaque individu détestait, à titre de mécréant, chacun des combattants de l'autre bord. Cette férocité, si l'on en croit le sentiment général, aurait atteint son comble au siège de Magdebourg. On lit dans Grotius un passage fameux sur le débordement de licence dont il se trouvait témoin dans les luttes qui se poursuivaient autour de lui ; et, bien que les dates nous interdisent ici d'y voir, avec quelques écrivains, une allusion positive au sac de Magdebourg, il ne paraît guère douteux que les récits d'horreurs qui circulèrent alors, aient offert un nouvel à propos aux spéculations de Grotius et de son école.

Sauf pour les guerres toutes récentes, nous avons d'excellentes raisons de nous méfier des chiffres qui prétendent figurer le carnage des sièges et des batailles. On assure pourtant que la population de Magdebourg se trouva réduite, après l'assaut, de 25 000 âmes à 2 700. Les incidents du siège nous ont été racontés par un Anglais qui en fut le témoin oculaire, et dont le récit, considéré généralement comme authentique, forme ces « Mémoires d'un Cavalier, » que l'on insère d'ordinaire dans les œuvres de Defoe. L'auteur déclare que, sur 25 000 habitants — certains disent 30 000, — on ne vit plus après l'assaut âme vivante, jusqu'à ce que les flammes eussent contraint ceux qui s'étaient réfugiés sous les voûtes ou dans quelque cachette, d'affronter la mort en pleine rue plutôt que de périr par le feu. Quelques-uns de ces malheureux furent encore expédiés par le soldat impitoyable ; mais on finit par sauver la vie de ceux qui abandonnaient ainsi leurs caves et leurs trous. Bref, 2 000 pauvres êtres furent laissés vivants dans les ruines, sans espoir ni secours. La tuerie ne se fit guère à coups de feu. Le massacre ne fut qu'un long égorgement, une suite d'assassinats à l'intérieur des maisons. Les derniers renseignements de l'histoire tendent à laver, en somme, la mémoire du chef des assiégeants, le comte de Tilly, de l'infamie qui jusqu'à ce jour s'attachait à son nom. Mais les autres sièges de l'époque n'en furent pas moins homicides à l'extrême ; et l'on estime en général que la férocité notoire de la soldatesque à la suite d'un assaut, imitait ici l'exemple des Tartares, qui avaient deux fois ravagé les provinces alors les plus fertiles, les plus civilisées du monde, et qui n'épargnaient jamais la population d'une ville coupable de résistance. Ils regardaient probablement tous les stratagèmes, toutes les roueries imaginables de la mauvaise foi, comme justifiables pour peu qu'il s'agît d'induire la garnison à se rendre. Puis, en fin de compte, ils n'accordaient quartier à personne. D'ailleurs, les pays témoins de ces massacres n'ont jamais pu s'en relever définitivement. Quant à l'Europe du centre et de l'ouest, une accalmie dans ces extrémités cruelles de la guerre, se manifesta visiblement dès que Grotius, — auquel il faudrait ajouter peut-être quelques prédécesseurs et reconnaître toute une lignée de successeurs, — eût commencé d'écrire. J'ai déjà fait plus d'une allusion à sa méthode. Il se laissait principalement guider, ce semble, par tout ce qui lui paraissait de nature à servir d'exemple ou de précédent. C'était un homme d'une érudition profonde, si l'on en juge d'après l'idéal qu'on se faisait alors des érudits. Mais le traitement de l'histoire par la critique n'était pas encore à l'ordre du jour ; et, malheureusement pour les innombrables exemples accumulés dans le *De Jure Belli et Pacis*, nous n'avons aucune certitude de l'authenticité des racontars que nous trouvons à leur sujet dans les ouvrages des vieux auteurs. Grotius n'en avait pas moins compilé ces précédents en Digeste. Il séparait les traits les plus touchants d'humanité, des exemples de férocité les plus odieux; et, pour répartir la quantité de matériaux qu'il avait sous la main, il employait tout d'abord le *criterium* de la doctrine religieuse telle qu'on la rencontre dans les Ecritures, puis le principe du Droit que les Romains appelaient « naturel. » La méthode de ses successeurs immédiats continua d'être la même en substance. Mais, de nos jours, un peu de scepticisme s'est éveillé, non pas tant sur la valeur philosophique du procédé, que sur ses résultats effectifs. Dans les ouvrages internationaux récents, vous verrez soutenir parfois que l'adoucissement des lois de la guerre ne revient pas tant à l'autorité de Grotius ou des écrivains qui lui ont succédé, qu'à l'humanité croissante des commandants en chefs. Il est vrai que, chez les successeurs de Grotius, on relève une grande diversité quant à la dose d'humanité qui les caractérise. Puffendorff et Bynkershoek demeurent inférieurs à Vattel en mansuétude, et témoignent d'un bien moindre souci de défendre les usages plus humains aux dépens des plus cruels. D'ailleurs, le plus humain de tous ces publicistes est, sans comparaison, le Suisse Vattel. Toutefois, nous avons d'excellentes raisons de supposer que ce sont encore les écrits des publicistes qui ont le plus servi l'humanité en temps de guerre. Ils suivaient tous Grotius, en ce qu'ils professaient un respect sans bornes pour la conception romaine du Droit de nature. Philosophiquement parlant, nul ne s'inquiète beaucoup aujourd'hui de son principe. Mais un autre genre d'auteurs vint appliquer, en une autre matière, les règles imaginaires du Droit naturel. Dans toute l'Europe continentale, au XVIIIe siècle, on vit se développer de plus en plus le respect, la vénération, voire l'enthousiasme pour l'Humanité. Et vous constatez, en somme, que les personnes qui éprouvaient ou prétendaient éprouver ce sentiment, croyaient toutes avec ferveur au Droit de nature. En première ligne, venait l'homme célèbre dont toute la philosophie politique, sociale, éducationelle, se basait sur le Droit de nature, — Jean-Jacques Rousseau. Il semble en vérité, qu'indépendamment de l'opinion des savants, une étroite alliance ait toujours rattaché le Droit de nature à l'Humanité; et qu'en professant l'intention constante d'appliquer ce Droit, en prétendant discerner aisément ses préceptes, les auteurs internationaux aient considérablement accru la douceur de l'espèce humaine, alors même que les passions de l'Homme se trouvaient dans un état d'excitation violente.

Les guerres de la fin du XVIIe ou de la plus grande partie du XVIIIe siècle furent des guerres maritimes. Et, tandis que les hostilités suivaient leur cours, le Droit continua de se développer avec abondance. L'une des principales raisons pour lesquelles, somme toute, les usages maritimes semblent humains ou raisonnables, est que les neutres tiennent les belligérants en échec. Dans les guerres terriennes, un neutre ne peut agir contre un procédé qu'il désapprouve qu'en prenant part à la lutte. Mais, dès le premier abord, les puissances maritimes belligérantes se virent empêcher par l'autorité des Conseils de prise, de pousser à l'extrême les déprédations et les ravages destructeurs. Il est, néanmoins, très vrai que les commandants de forces territoriales ont abandonné graduellement la sauvagerie d'allures que l'on a reproché si fort à Tilly. Jamais commandant ne fut, au total, plus humain que notre duc de Wellington. Il est cependant assez curieux de le voir tomber sans cesse dans une erreur dont on accuse tout particulièrement les juristes anglais, celle de confondre la loi militaire, qui est une loi régulatrice, avec la loi martiale, qui signifie la volonté de l'officier commandant. Il parle toujours du Droit de la guerre comme si ce dernier ne reposait que sur le bon plaisir du commandant en chef.

La première tentative sérieuse, depuis l'époque de Grotius, pour fixer dans leurs grandes lignes, et pour humaniser en même temps, les lois de la guerre terrienne, a été entreprise de nos jours, pour ainsi dire, par un infortuné souverain auquel on n'a jamais rendu pleine justice, — l'Empereur de Russie, Alexandre II. Il était animé, ce semble, d'un vif enthousiasme pour l'humanité, comme l'étaient parfois, au XVIIIe siècle, les hommes d'Etat et les gens de lettres. Vous savez tous que, presque dès son avènement au trône, il abolit le servage. Mais on se souvient moins de ses efforts pour réformer le Droit international, notamment les usages de la guerre. Il se joignit aux promoteurs de la Convention de Genève, dont j'aurai bientôt à vous parler longuement. Ce fut lui qui proposa de renoncer à l'emploi de certaines armes infligeant des blessures trop douloureuses; et ce fut encore lui qui, en sa qualité de souverain, convoqua la réunion de Bruxelles en 1874, pour laquelle il fit preuve d'une sollicitude infatigable. La Conférence de Bruxelles échoua; et nous pourrons étudier plus tard, je l'espère, combien sont instructives les causes de son échec. J'ose dire que l'une des raisons qui l'empêchèrent d'arriver à maturité, fut qu'elle s'ouvrit trop tôt après la cessation d'une guerre qui compte parmi les plus sanglantes des temps modernes, et qui n'a probablement jamais eu d'égale pour la fureur des passions qu'elle a suscitées. L'Angleterre, avant que la Conférence se réunît, avait stipulé que l'on y écarterait toute discussion sur les lois de la guerre maritime. On considérait, j'imagine, que ces lois se trouvaient suffisamment assises pour l'instant par la Déclaration de Paris. Et, au moment de la clôture des séances, alors même que les membres de la Conférence avouaient n'avoir pu s'entendre que sur une très faible partie des matières qui leur étaient soumises, ce fut le secrétaire d'Etat aux Affaires étrangères de l'Angleterre, Lord Derby, qui porta le dernier coup à la Convention. Indubitablement, les petites puissances européennes, ainsi que les puissances qui n'avaient pas encore adopté le système des grandes armées recrutées au moyen de la conscription, avaient des motifs très plausibles pour s'opposer à la plupart des mesures suggérées, — encore que ces mesures eussent assez naturellement pris naissance dans l'esprit des militaires, dont les sympathies s'étaient tournées, soit vers la France, soit vers l'Allemagne, pendant la guerre qui venait de se terminer quelques années auparavant. La Conférence de Bruxelles eut toutefois un résultat d'une haute importance et d'un vif intérêt. A la fin même de la guerre de Sécession américaine, les Etats-Unis avaient publié un Manuel de règles et de traditions à l'usage de leurs officiers en campagne. Cet exemple — d'un manuel pratique, énumérant aux officiers de chaque pays les divers cas susceptibles de se présenter au cours d'un conflit, avec la manière d'en sortir, — fut suivi par l'Allemagne, l'Angleterre, la France; et quelques-uns de ces manuels sont maintenant adoptés, en outre, par des Etats inférieurs. Mais tous ont subi profondément l'influence des recommandations de la Conférence de Bruxelles. Aussi peut-on dire qu'en définitive toutes les propositions qui ont tant soit peu failli réunir l'unanimité dans les décisions et les votes de la Conférence, se trouvent adoptées, sous cette forme légèrement irrégulière, par la plupart des nations du Globe.

Le Manuel compilé pour les officiers anglais, — et qui, si je ne me trompe, est surtout l'œuvre de Lord Thring, le représentant actuel du nom, alors rédacteur officiel du Gouvernement anglais, — compte parmi les meilleurs (1). Visiblement, l'auteur puise autant que possible dans

(1) [Publié en 1884. — Il n'existe pas de publication officielle du même genre pour la France, mais seulement un *manuel de Droit international à l'usage des officiers de l'armée de terre, autorisé* pour les *Ecoles Militaires*, et recommandé de préférence aux officiers d'Etat-Major. (Paris, Beaudoin, 3e édit., 1884.)]

les doctrines les plus humaines des publicistes, et plus particulièrement dans celle de Vattel; mais il ne prétend aucunement exposer la loi en lui conférant un caractère absolu d'*autorité*, encore qu'il la formule néanmoins de telle sorte que quiconque veut l'étudier puisse désormais en prendre connaissance, et se faire une idée vivante de ce que deviendrait une guerre terrienne où l'Angleterre se trouverait engagée, si le malheur des temps l'y condamnait. Je vais donc vous lire quelques passages de ce Manuel, tout en empruntant des extraits des manuels étrangers; et j'ajouterai, au fur et à mesure, quelques observations sur l'histoire ancienne des usages militaires dont il traite. Il débute par un exposé des principes généraux.

« La guerre, proprement dite, est une lutte armée entre nations indépendantes, et elle ne peut être décidée que par la première autorité de l'Etat. Dans notre pays, l'annonce officielle de la guerre est faite par une proclamation de Sa Majesté, que l'on affiche dans la Cité de Londres. L'état de guerre entre deux peuples a pour conséquence première de transformer, aux yeux de la loi, tout sujet de l'un en ennemi de chaque sujet de l'autre; car, par le fait même que tout citoyen participe aux actes politiques de son propre gouvernement, une guerre entre deux gouvernements nationaux devient une guerre entre tous les éléments individuels de chaque peuple. Ce principe, poussé à ses dernières limites, autoriserait la détention, comme prisonniers de guerre, des sujets de l'un des partis hostiles qui voyageraient ou résideraient dans le pays de l'autre, au moment de l'explosion de la guerre, en même temps que la confiscation de leurs biens. L'exercice de ce droit serait néanmoins contraire aux usages modernes; et l'on ne saurait justifier la conduite de Napoléon qui, dès l'ouverture des hostilités contre l'Angleterre en 1803, arrêta tous les Anglais de 18 à 60 ans voyageant en France, au point d'en retenir 10 000 dans ses prisons, où ils demeurèrent jusqu'à la paix de 1814. Quant aux biens, l'usage est de laisser leur propriétaire en disposer, ou de lui permettre de les réclamer au retour de la paix. L'expulsion des sujets ennemis, leur renvoi du territoire appartenant à l'Etat hostile, peut se légitimer et s'exercer ou non, suivant les circonstances. Pendant la guerre de Crimée, on permit à beaucoup de Russes de demeurer tranquillement en France et en Angleterre. Lors de la guerre de 1870, les étrangers de la nationalité allemande reçurent l'ordre de quitter le territoire français dans un délai de quelques jours, à partir de la notification du décret d'expulsion. — D'autre part, la guerre n'établit aucun rapport d'homme à homme, mais seulement d'Etat à Etat : ce qui implique en soi qu'aucune inimitié privée ne doit s'élever entre les gens qui prennent part à la lutte. Ils ne sont ennemis qu'en tant que soldats, mais non pas en tant qu'hommes. L'objet de la guerre, politiquement parlant, est d'obtenir par la force satisfaction d'une injure nationale. L'objet de la guerre, au point de vue militaire, est d'amener la soumission complète de l'ennemi dans le moindre délai possible, et avec la moindre dépense possible de sang et d'argent. « Les guerres, » dit Lord Bacon, « ne sont pas une simple affaire de carnage ni de bouleversements; mais elles figurent la plus haute épreuve à laquelle le bon droit puisse se trouver soumis, alors que les princes et les Etats, qui ne reconnaissent point de supérieurs sur terre, s'en remettent à la Justice divine pour trancher leurs différends par tel succès qu'il Lui plaira d'accorder à l'une ou l'autre des parties adverses. »

En reprenant cet exposé de principes, j'appellerai votre attention sur le contraste de l'axiome que « l'état de guerre entre deux peuples a pour conséquence première, de transformer aux yeux de la loi tout sujet de l'un en ennemi de chaque sujet de l'autre, » et la thèse que « la guerre n'établit aucun rapport d'homme à homme, mais seulement d'Etat à Etat, ce qui implique en soi qu'aucune inimitié privée ne doit s'élever entre les individus qui prennent part à la lutte, » parce qu'« ils ne sont ennemis qu'en tant que soldats, mais non pas en tant qu'hommes. » — Plus d'un critique, en Europe, fait remarquer, à ce propos, que les deux propositions ne cadrent pas absolument; que la première permettrait de frapper les femmes et les enfants, tandis que la seconde réduit la guerre à un simple conflit entre soldats de profession. J'estime que cette critique ne manque pas de justesse, et que les deux propositions appartiennent à des âges différents de l'histoire. La première représente la doctrine juridique telle qu'elle eût pu se produire si l'on avait essayé de la formuler au temps des Grecs de l'antiquité classique; tandis que la seconde exprime une théorie nouvelle, où le monde s'est élevé par une progression générale. Le lecteur rencontre, dans Thucydide, quantité de passages qui nous montrent qu'en somme, aux yeux des Grecs, la guerre était censée probablement (si tant est que l'on s'inquiétât de théoriser à son sujet) se poursuivre entre tous les sujets d'un Etat contre tous les sujets de l'autre. Il est une phrase qui revient constamment, où nous voyons que l'on a massacré les hommes, puis réduit en esclavage les femmes et les enfants. Au fond, l'on considérait que les femmes et les enfants se trouvaient, de même que les hommes, en état d'hostilité vis-à-vis du belligérant adverse. Je ferai remarquer ici, ce que d'autres personnes ont aussi bien remarqué par ailleurs, que le déclin et l'abolition de l'esclavage amenèrent, entre autres conséquences, un accroissement d'effusion de sang. Les femmes et les enfants, et même parfois les hommes mûrs, gardaient une valeur propre qui offrait un prétexte pour leur épargner la vie. Et, plus tard, l'effusion du sang fut arrêtée, jusqu'à un certain point, par l'habitude de mettre le vaincu à rançon. Aussi n'a-t-on jamais vu de luttes plus sanglantes que les guerres survenues au moment où l'usage de la rançon venait de s'éteindre.

La partie qui suit dans notre Manuel est intitulée : « Des moyens de poursuivre la guerre, » — c'est-à-dire des moyens de faire la guerre entre gens civilisés et d'une humanité relative. « L'empoisonnement de l'eau ou des aliments, » nous dit l'auteur, « est un genre de procédés absolument interdit. Mais le détournement des vivres par la saisie de convois destinés à l'ennemi est un des moyens usuels de le réduire à la soumission. L'emploi d'armes empoisonnées, ou d'armes imaginées en vue de produire des souffrances ou des maux inutiles, se trouve condamné par cette raison que, la guerre ayant pour but unique de désemparer l'ennemi, l'infliction de la moindre souffrance, au delà du strict nécessaire à l'effet d'amener ce désemparement, semble une cruauté gratuite. »

Quant à l'empoisonnement de l'eau et des vivres, on ne saurait mieux expliquer son interdiction qu'en observant qu'elle paraît remonter aux temps les plus lointains. Il est avéré que les Grecs, aussi bien que les Romains, blâmaient cet empoisonnement comme tout au plus digne des barbares. D'où naît cette répulsion? — se sont demandés plusieurs écrivains modernes. Il se peut que l'on regardât l'empoisonnement de l'eau et des vivres comme une façon tout particulièrement douloureuse d'infliger la mort. Le seul poison vraiment efficace qui fût, ce semble, connu des anciens et qui, d'ailleurs, servait de base au poison subtil qu'employaient les Italiens du Moyen-Age, était l'arsenic, lequel produit la mort en l'accompagnant de souffrances évidemment intolérables. Il se peut aussi que l'on considérât le poison comme une arme déloyale, — et ce sentiment se manifestait dès autrefois avec une grande intensité, — chacun des combattants devant rester à même de conserver toute son énergie pour se défendre.

C'est à l'égard des armes empoisonnées, ou des armes imaginées en vue d'infliger des souffrances et des blessures inutiles, que l'on a tenté l'une des plus grandes réformes du Droit moderne de la guerre; et cette réforme a été couronnée de tout le succès qu'il était possible d'obtenir. En vertu de la Déclaration de Saint-Pétersbourg, proposée par l'Empereur Alexandre II, et signée en 1868 par toutes les puissances civilisées, les parties contractantes ont accepté de renoncer à l'emploi, sur terre et sur mer, des projectiles d'un poids inférieur à 400 grammes, — soit un peu plus de 14 onces — chargés de fulminate ou de matières inflammables. J'ai ouï dire que cette clause de la Déclaration de Saint-Pétersbourg avait cessé de produire son effet humanitaire par suite du progrès de la science, dont les résultats, je le constate à regret, viennent souvent déjouer les efforts pour étendre le domaine de l'humanité. On assure que les balles coniques, d'un emploi universel dans l'armement d'aujourd'hui, causent en somme des souffrances aussi vives et des blessures non moins incurables que les balles explosives, récemment introduites vers 1868. Je n'ai pas compétence pour répondre à l'objection; mais, en tout cas, nous devons observer que la Déclaration de Saint-Pétersbourg exprime le sentiment de l'univers civilisé, en maintenant que le but de la guerre doit se borner à désemparer l'ennemi, et qu'aucun usage régulier n'autorise un Etat à provoquer des blessures plus douloureuses qu'il ne paraît nécessaire pour atteindre cet objet relativement humain.

Une autre règle universellement admise est celle-ci : « L'assassinat est contraire aux usages de la guerre. Est regardé comme assassinat le meurtre par trahison d'individus appartenant aux forces hostiles. L'essence du crime consiste dans la trahison, car une surprise est toujours légitime. De sorte qu'un faible détachement peut se glisser dans le camp ennemi, expédier les grand-gardes, enlever ou tuer l'officier chargé du commandement, sans froisser aucun des usages de la guerre et sans s'exposer, en cas de prise, à subir d'autre traitement que celui des simples prisonniers. C'est le rôle de l'ennemi d'être préparé contre toutes les surprises militaires, mais non pas de se tenir en garde contre les attaques perfides des individus qui s'introduiraient dans ses lignes sous un déguisement. »

L'horreur toute particulière qu'inspire l'assassinat commença de se manifester aussitôt après la Réforme. Sans doute, l'assassinat de Guillaume d'Orange, où les Espagnols étaient plus que soupçonnés d'avoir trempé la main, provoqua les dénonciations énergiques dont ce crime est depuis l'objet. Il y aura toujours à craindre, bien entendu, de voir un fanatique y recourir, lorsque la guerre, comme il arrive parfois, semble dépendre entièrement de la vie d'un seul homme, — grand politique ou grand stratégiste. Telle était la situation de Guillaume d'Orange aux yeux de ses ennemis catholiques. Mais on a souvent remarqué qu'un sentiment nouveau s'était fait jour dans l'intervalle, depuis les guerres de religion jusqu'à la guerre la plus formidable où l'Angleterre se soit jamais engagée. Nombre d'écrivains citent avec la plus vive approbation la conduite de M. Fox, lors de son passage au secrétariat des Affaires étrangères. On lui avait communiqué un projet séduisant pour assassiner Napoléon; mais il le révéla sur-le-champ à Paris, en informant l'Empereur du danger qui le menaçait. L'opinion se prononça avec une si remarquable unanimité en faveur de ce procédé du secrétaire d'Etat anglais, et ce sentiment paraît si loin de s'affaiblir, que nous pouvons, je crois, déclarer en toute confiance avec l'auteur de notre Manuel, que l'assassinat est décidément contraire aux usages de la guerre.

Il continue comme suit : « A l'exception des moyens énumérés ci-dessus comme prohibés, — tout engin de destruction, soit visible, soit caché, — d'effet restreint ou étendu, — obus de tout poids, torpille, mine, et autre de même nature, peut s'employer légitimement contre tout ennemi; et, vu la légitimité de son emploi, il n'existe aucune raison pour refuser quartier aux officiers et soldats chargés de le manier, ou pour les traiter avec plus de rigueur que les autres combattants. Un commandant, animé de sentiments humains, s'efforcera, sans doute, de veiller, autant que le comportent les exigences de la guerre, à ce que l'explosion d'une mine ou d'une torpille ne s'étende pas au delà des combattants; mais on ne saurait établir aucune règle pratique à cet égard. Le principe général est que, dans la poursuite d'une guerre, on doit éviter de faire à l'ennemi plus de mal que ne l'exige le strict nécessaire pour le réduire à merci. Ce principe exclut toutes les barbaries gratuites, ainsi que les cruautés et les insultes qui ne servent qu'à exaspérer les souffrances ou attiser la haine de l'ennemi, sans amoindrir ses forces et sans aider à procurer sa soumission. »

Je dois ajouter, à propos des passages de ce Manuel qui nous occupent, que l'un des plus curieux chapitres de l'histoire de l'armement militaire est l'antipathie violente que certaines inventions d'engins belliqueux ont provoquée de tout temps, avec les efforts réitérés auxquels on s'est livré pour les mettre hors d'usage, en refusant quartier aux soldats qui les maniaient. L'arme la plus impopulaire, la plus exécrée, était jadis l'arbalète, œuvre d'une science vraiment ingénieuse. L'arbalète fut anathématisée en 1139 par le Concile de Latran qui n'hésita pas à condamner *artem illam mortiferam et Deo odibilem*. L'anathème ne manqua pas son effet. Bien des princes cessèrent d'armer leurs soldats d'arbalètes; et l'on assure que la mort de

Richard Ier d'Angleterre, tué par un carreau d'arbalète, après qu'il en eût ressuscité l'usage, fut considérée dans une grande partie de l'Europe comme un jugement du ciel. Il paraît très certain que la condamnation de cette arme par le Concile de Latran contribua beaucoup au maintien de l'arme ancienne, — l'arc proprement dit, — dans l'armée anglaise, et facilita le succès des Anglais dans leurs guerres contre la France. Mais l'arbalète aussi bien que l'arc furent bientôt mis hors d'emploi par l'arquebuse, qui n'est en réalité qu'une forme diminutive et très perfectionnée du canon que l'on employait antérieurement contre les murs d'enceinte. Pendant deux ou trois siècles, tous les arquebusiers furent traités avec une rigueur extrême, et avec ce qui nous semblerait aujourd'hui une extrême injustice. Le chevalier Bayard se croyait en conscience tenu d'ordonner l'exécution sans phrase de tous les arquebusiers qui lui tombaient sous la main. Il affirmait expressément qu'à ses yeux l'introduction des armes à feu constituait une innovation déloyale dans les traditions des guerres régulières. On protesta tout aussi vivement, au début, contre le boulet rouge. Et, pendant longtemps, il fut regardé comme très douteux que les soldats d'infanterie armés du mousquet eussent droit à recevoir quartier. Le maréchal de Montluc, qui nous a laissé des Mémoires, déclare en termes formels que, de son temps, l'usage était de n'épargner aucun mousquetaire.

L'histoire de la baïonnette n'est guère moins étrange. Sans doute, elle doit se rattacher d'une façon quelconque à la ville de Bayonne. Mais les récits qui circulent d'ordinaire sur sa découverte et sur ses débuts ont l'air de pures légendes. Aucune invention n'a plus ajouté au caractère destructeur de la guerre que la baïonnette, transformant le mousquet en un instrument qui réunit à la fois la lance et l'arme à feu. Le trait curieux est que, malgré qu'elle fût déjà connue, elle soit restée si longtemps sans emploi. Ce fut, dit-on, le Grand Frédéric qui, le premier, l'utilisa d'une façon générale et même universelle dans son armée. Il est probable que la crainte d'exposer l'infanterie au refus de quartier, si elle devenait prisonnière, fit naître cette hésitation à s'en servir. Dans l'armée anglaise, nous avons conservé un souvenir de la répulsion qu'éveillaient certaines armes, devant les usages de la guerre, dans l'uniforme vert de notre brigade de carabiniers (*Rifle Brigade*). Il paraît que l'on se demanda longtemps si les fantassins armés de la carabine, sous sa première forme, devaient avoir la vie sauve lorsqu'ils seraient faits prisonniers ; et l'on se figurait, — très à tort, nous affirme-t-on maintenant, — que l'uniforme vert, appelé pour la première fois sur le terrain, à travers le feuillage des oliviers d'Espagne et de Portugal, offrait une protection plus sûre que les vêtements de toute autre couleur à plus longue distance.

Si l'on réfléchit à cette aversion prolongée contre les inventions nouvelles et destructives, on s'étonnera peut-être que les mines et les torpilles, notamment la torpille actuelle, n'aient pas rencontré un accueil plus maussade. Mais le motif pour lequel on n'a pas essayé, comme autrefois, de mettre hors la loi les armes spéciales qui aurait encore chance de voir le jour, est que, dès l'abord, tous les arts, surtout l'art destructif, doivent vraisemblablement subir désormais des progrès rapides. Nous ne connaissons plus de limite au pouvoir de détruire la vie humaine ; et, maintenant que l'extension de l'aire soumise à ce pouvoir a commencé de devenir l'œuvre d'une classe professionnelle, il nous est impossible de prédire à quelle distance, ou pendant combien de temps, son domaine peut continuer de s'accroître. L'invention procède si vite que l'on peut à peine signaler ou stigmatiser telle de ses formes qui semblerait particulièrement critiquable. D'autre part, c'est une satisfaction plus vive de penser que les guerres sont devenues, somme toute, moins fréquentes et plus courtes en même temps. Aussi, les occasions d'observer au large les destructions cruelles qu'opèrent les plus effroyables de ces inventions militaires, sont-elles devenues plus rares qu'autrefois.

Je dois dire pourtant quelque chose de l'histoire des torpilles, qui absorbent aujourd'hui une si grande part d'attention. Je puis remarquer que, lors de sa première découverte, la torpille fut reçue avec un sentiment d'abomination complète. Elle fit d'abord son apparition pendant la guerre entre les colonies insurgées, représentées aujourd'hui par les Etats-Unis, et leur métropole. On la désignait alors sous le nom de « Tortue d'Amérique. » Les essais pour la perfectionner se multiplièrent pendant la lutte entre la France et l'Angleterre, alors que Napoléon et son armée étaient à la veille de fondre sur nos côtes. L'idée de se servir d'un ressort d'horlogerie pour la faire éclater existait déjà. Mais la paix de 1814 mit fin, pour le le moment, à ce genre de recherches; et il s'écoula beaucoup de temps avant que le monde entendit parler du « catamaran, » qui fut le second nom dont on baptisa la torpille.

Les époques de progrès humanitaire et de codification réfléchie qui méritent de s'associer au nom de l'Empereur de Russie, Alexandre II, sont : — la Convention de Genève relative aux blessés, et à laquelle ont adhéré toutes les puissances européennes durant les années 1864, 1865 et 1866 ; la Déclaration de Saint-Pétersbourg en 1868 ; enfin, la Conférence de Bruxelles qui a rempli la plus grande partie de l'année 1874. Pour les résultats de ces deux dernières, je ne puis que vous renvoyer à l'excellente publication de Halleck (1).

(1) [*International Law, or Rules regulating the Intercourse of States in Peace and War*, nouvelle édition par Sir Sherston Baker. Londres, 1878.]

VIII

LES LOIS ACTUELLES DE LA GUERRE.

Dans ma dernière leçon, j'ai analysé les causes de l'antipathie qu'excitaient parfois, au bon vieux temps, les nouveaux engins de guerre, et les motifs de la rigueur avec laquelle on traitait les soldats chargés de les mettre en œuvre. Le Manuel à l'usage des officiers en campagne, que je prends ici pour texte, pose, dans les termes suivants, la règle générale à l'égard de ces nouvelles inventions militaires :

« A l'exception des moyens énumérés ci-dessus comme prohibés, tout engin de destruction soit visible, soit caché, — d'effet restreint ou étendu, — obus de tout poids, torpille, mine et autre de même nature, — peut s'employer légitimement contre l'ennemi ; et, vu la légitimité de son emploi, il n'existe aucune raison pour refuser quartier aux officiers et soldats chargés de le manier, ou pour les traiter avec plus de rigueur que les autres combattants. » Les moyens énumérés ci-dessus comme prohibés sont l'empoisonnement des sources et des vivres, l'assassinat et l'emploi de balles explosives au-dessous d'un certain poids. On ajoute qu'« un commandant, animé de sentiments humains, s'efforcera de veiller, autant que le comportent les exigences de la guerre, à ce que l'explosion d'une mine ou d'une torpille ne s'étende pas au delà des combattants; mais on ne saurait établir aucune règle pratique à cet égard. »

La dernière circonstance où l'on ait employé des mines d'une portée et d'une force destructive très supérieures à l'objet immédiat qu'il s'agissait d'atteindre, n'a pas attiré grande attention en Europe, à cause de l'éloignement de la localité où l'explosion s'est produite. Voici pourtant comment les choses s'étaient passées. Pendant l'avance des armées russes à travers les pays tartares, vers la frontière d'Afghanistan, un général bien connu, adoré, respecté de ses troupes, — le général Skobeleff, — avait trouvé sa marche entravée par une fortification solide, élevée par une grande tribu tartare. C'était la forteresse des Akhal Tekkés, énorme construction de briques cuites ou séchées au soleil. Il aurait fallu perdre beaucoup de temps et de sang pour l'attaquer suivant l'une quelconque des règles de l'art. Il paraît d'ailleurs que la tribu à laquelle on devait l'érection de cette forteresse n'avait aucune idée d'une mine; et Skobeleff dépensa plusieurs semaines sous ses murs à creuser des galeries d'une profondeur exceptionnelle. A la fin, sans que les assiégés soupçonnassent qu'on pût les attaquer d'une manière qu'ils n'avaient point prévue, les mines firent explosion; et la majeure partie de l'enceinte, y compris quantité de personnes à l'intérieur, furent broyées du coup [14 janvier 1880]. Les assiégeants vainqueurs traitèrent assez rudement le reste de la tribu, dont il n'échappa qu'une fraction minime. Il est triste de penser que cet exemple de rigueur stratégique nous vienne d'un officier au service de la puissance qui a le plus travaillé, — ce n'est que justice de le reconnaître, — à l'adoucissement des horreurs de la guerre. Skobeleff se défendit en prétextant qu'il avait plutôt fait preuve de véritable humanité, que de brutalité répréhensible ; et que d'aucune autre façon on n'eût pu réduire une tribu non seulement très à craindre en temps de guerre, mais qui avait fort contribué, pour sa part, à retarder même la pacification momentanée du pays. Quoi qu'il en soit, dans toutes les opérations de guerre poursuivies sous les yeux des gens civilisés, qui les contrôlent au moyen de la presse et du télégraphe, l'usage est sans doute, comme le disent nos manuels, qu'un « commandant animé de sentiments humains, s'efforcera de veiller, autant que le comportent les exigences de la guerre, à ce que l'explosion d'une mine ou d'une torpille ne s'étende pas au delà des combattants. Mais on ne saurait, » est-il ajouté par manière de précaution, « établir aucune règle pratique à cet égard. Le principe général » — et tous les auteurs concluent en ce sens — « est que, dans la poursuite d'une guerre, on doit éviter de faire à l'ennemi plus de mal que ne l'exige le strict nécessaire pour le réduire à merci. Ce principe exclut toutes les barbaries gratuites, ainsi que les cruautés et les insultes qui ne servent qu'à exaspérer les souffrances ou attiser la haine de l'ennemi, sans amoindrir ses forces et sans aider à procurer sa soumission. »

Une question fort intéressante pour nous serait précisément de savoir si, dans l'histoire future de la guerre, il reste quelque chance de voir jamais proscrire une arme nouvelle par pur sentiment d'horreur ou de répulsion, comme il arrivait fréquemment au Moyen-Age. J'ai quelque peine à ne pas me convaincre qu'un mouvement très sérieux puisse un jour se produire dans le monde contre tel ou tel genre d'innovations en fait d'armement. Considérons justement deux inventions toutes neuves qui se sont montrées capables d'opérer des destructions terrifiantes : — les deux nouveaux engins de la tactique navale, l'éperon et la torpille. Ni l'un ni l'autre n'a, jusqu'à ce jour, subi d'essai sur une vaste échelle : c'est à peine si l'un d'eux a vraiment servi. A la bataille de Lissa sur l'Adriatique, sur la côte est de l'Amérique du nord pendant la guerre de Sécession, et aussi sur la côte ouest de l'Amérique du Sud, l'éperon a été mis en jeu; et, comme instrument de guerre, il a donné des preuves d'une puissance dont les effets ne sauraient se calculer même approximativement. On a vu couler des navires en une minute ou deux, par sa seule action. Quant à l'emploi de la torpille, nous n'en avons presque pas d'exemple. Entre marins et militaires on dispute encore vivement sur son efficacité. Pendant la campagne russo-turque, on avait semé de torpilles l'embouchure du Danube; mais il ne fut pas difficile aux Russes de les repêcher sans le moindre mal. Et, dans le monde entier, c'est encore un point embarrassant de savoir, suivant la façon dont les écrivains posent le problème, si la torpille apportera plus de force à la défense qu'à l'attaque. En Angleterre, on se flatte, si je ne me trompe, de posséder cet engin sous sa forme la plus menaçante. On y ajoute une foi considérable à son efficacité en temps de guerre. Mais, en France, l'opinion inclinerait plutôt, somme toute, en sens inverse. Les publicistes de la marine française soutiennent avec instance qu'il n'est pas encore prouvé que la torpille soit une arme dont un combattant puisse se servir largement sur mer en toute sécurité. D'ailleurs, ces mêmes auteurs français soulèvent une objection qui nous intéresse à l'extrême, vu la nature de la discussion que je suis précisément en train de clôre. « N'oubliez pas, » dit l'un d'eux, un amiral français en grande réputation, « que la torpille s'emploie sous l'eau et dans l'obscurité. Etes-vous, dès lors, parfaitement certain de pouvoir toujours diriger votre attaque contre le navire que vous vous proposez de détruire? Imaginez que le commandant d'une flottille de torpilleurs puisse approcher une escadre croisant au large d'une côte quelconque, et qu'il réussisse à fixer une de ses torpilles aux œuvres vives de l'un des navires. L'étincelle électrique jaillit ; et le colosse, avec tout son équipage, saute en l'air, ou sombre dans les profondeurs de l'Océan! Supposez néanmoins qu'aussitôt après, on découvre que le navire détruit était un neutre, — peut-être l'un des meilleurs navires d'une puissance amie! Ne croyez-vous pas que l'on entendrait retentir un cri d'horreur par tout le monde civilisé? Etes-vous sûr que les peuples civilisés ne s'allieraient point pour condamner la torpille à la même proscription, et peut-être par les mêmes moyens, que tant d'armes cependant plus clémentes du moyen-âge (1) ? » Pour ma part, j'estime ce raisonnement excessivement fort; et je ne suis pas encore persuadé que les inventions belliqueuses n'attein-

(1) [Nous ignorons à quel écrivain l'auteur emprunte ce passage. Il n'appartient pas aux œuvres du vice-amiral Jurien de la Gravière, du vice-amiral Bourgois, ou du contre-amiral du Pin de Saint-André, — les seuls amiraux français qui, à notre connaissance, aient exprimé leurs réserves contre les torpilles avant la mort de Sir Henry Maine. On retrouvera, d'ailleurs, sous leur plume, la même objection formulée en termes différents. — Voir, entre autres, amiral Jurien de la Gravière, préface des *Corsaires Barbaresques* (Paris, Plon, 1887); amiral Bourgois, *Les Torpilleurs*, *la Guerre Navale et la Défense des Côtes* (Paris, librairie de la *Nouvelle Revue*, 1888); amiral de Saint-André, la *Question des Torpilleurs* (*Revue des Deux-Mondes*, 15 juin et 15 juillet 1886)].

dront pas un point où les sentiments naturels de l'humanité interviendraient pour les arrêter.

Je passe, sans plus tarder, à une autre partie de ces manuels, dont l'esprit se rattache assez étroitement au sujet que je viens de vous soumettre. C'est le chapitre qu'ils consacrent aux « espions » et aux « ruses de guerre. » L'espion, s'accordent-ils à déclarer, est, au sens militaire du mot, l'individu que l'on rencontre dans un district occupé par l'ennemi, et qui, sous un déguisement, recueille des informations sur la situation et les projets de l'armée, dans le but de communiquer ces renseignements aux forces adverses. Le secret et le déguisement sont les caractéristiques essentielles de l'espionnage, militairement parlant. Un officier en uniforme, de si près qu'il approche l'ennemi, avec quelque attention qu'il en observe les mouvements, n'est pas un espion, et doit, en cas de prise, être traité comme prisonnier de guerre. Les espions sont passibles de mort : on peut les pendre ou les fusiller. On ne doit s'assurer les services des espions que moyennant récompense, nul ne pouvant être contraint de se livrer à l'espionnage par nécessité de service ou contre son gré. Un commandant peut naturellement utiliser les informations que lui communique un traître.

Mais jusqu'à quel point serait-il autorisé à provoquer la trahison? C'est une question plus délicate. — Ce sont là des transactions qui n'ont rien de rare, dit Vattel, bien que ceux qui s'y livrent ne tiennent aucunement à s'en vanter. Un officier peut feindre d'être un traître pour jeter dans un piège l'ennemi qui tente de corrompre sa fidélité; mais s'il fait des ouvertures à l'ennemi sous prétexte de trahison, et le trompe ensuite par de faux rapports, sa conduite devient déshonorante, contraire aux lois de la guerre. Les prisonniers ne sauraient être punis ou maltraités pour avoir refusé de révéler l'état numérique et matériel du corps auquel ils appartiennent. Les fausses attaques, la mise en circulation de faux bruits, ou la révélation fausse de mots d'ordre, à part toute intention de perfidie, sont choses licites d'après les usages militaires. Et, d'ailleurs, enlever une place par surprise, ou tourner une position par stratagème, serait aujourd'hui plus glorieux pour un général qu'atteindre son but par la force, — de même que le gain d'une grande bataille avec des pertes minimes fait plus d'honneur à l'habileté du généralissime que le succès d'une victoire sanglante. Il faut, toutefois, observer qu'aucune tromperie n'est permise, lorsqu'il existe un engagement exprès ou implicite d'agir ou de parler en toute franchise. Violer un engagement de ce genre serait une perfidie aussi contraire aux usages de la guerre qu'aux maximes de l'honneur. Ce serait, par exemple, un grave manque de foi et un sérieux outrage contre les lois de la guerre que de hisser le pavillon hospitalier sur des édifices non appropriés au soin des blessés, ou d'utiliser un local sous le couvert de ce pavillon pour d'autres objets que l'établissement d'une ambulance.

L'opinion que j'exprime ici, et d'après laquelle les succès dûs à l'espionnage tourneraient plus au crédit du commandant en chef que les succès remportés en bataille rangée, s'était fort répandue au dernier siècle; aussi des écrivains militaires d'une grande réputation nous ont-ils laissé le souvenir des circonstances où ils avaient pu tirer un heureux parti des espions et de leurs services. Le roi de Prusse Frédéric-le-Grand publia en novembre 1760, à l'usage de ses généraux, des instructions militaires appuyées sur une vaste expérience du sujet. Il classait les espions en espions ordinaires ou « petites gens qui se mêlent de ce métier, » « doubles espions, » « espions de conséquence, » et espions « par violence. » — Par « doubles espions, » il entendait ceux qui prétendent servir, en outre, le côté qu'ils trahissent; par « espions de conséquence, » il visait les officiers de hussards dont il avait trouvé les services fort utiles dans le cas particulier d'une campagne contre l'Autriche. Lorsqu'il ne pouvait se procurer des espions chez les Autrichiens, par suite de la garde vigilante que leurs troupes légères montaient autour du camp, il mettait à profit, non sans succès, l'idée qui lui était un jour venue d'utiliser la suspension d'armes habituelle après une escarmouche entre hussards, pour faire de ses officiers le canal d'une correspondance épistolaire avec les officiers de l'autre bord. — Il expliquait comme suit le cas des espions « par violence. » Lorsque vous souhaitez envoyer des renseignements faux à l'ennemi, vous choisissez un soldat sur lequel vous puissiez compter, et vous l'obligez de passer dans le camp adverse pour y répandre tout ce que vous désirez faire croire à l'ennemi. Vous pouvez envoyer aussi, par son intermédiaire, des lettres pour fomenter des troubles et provoquer la désertion. Et, dans le cas où il vous serait impossible d'obtenir des renseignements sur l'ennemi, Frédéric prescrit la recette suivante : Prenez un gros bourgeois qui ait femme, enfant et maison; puis un autre individu qu'on déguise pour lui servir de valet ou de cocher, et qui sache la langue du pays. Forcez le premier d'emmener avec lui le second dans le camp de l'ennemi, sous prétexte de se plaindre des violences qu'on lui aurait fait souffrir; et menacez-le, s'il ne ramène pas votre homme après une assez longue station pour atteindre le but qu'on se propose, de pendre sa femme, ses enfants, et de brûler sa maison. — Je me suis trouvé contraint moi-même, ajoute-t-il, de recourir à cette méthode, et elle m'a parfaitement réussi (1). — On n'a jamais eu lieu de célébrer l'humanité et la bonne foi du Grand Frédéric ; mais nous pouvons apprendre ce qui survit aujourd'hui de ses Principes, dans le « Carnet de Poche du Soldat, » rédigé par Lord Wolseley (2). « La meilleure manière, » insinue ce dernier, « d'envoyer un espion, est d'ex-

(1) [*Principes Généraux de la Guerre Appliqués à la Tactique et à la Discipline de l'Armée Prussienne* (janvier 1753). — Cf. Œuvres de Frédéric-le-Grand, Berlin, Rodolphe Decker, 1856, t. XXVIII, pp. 46-47 ; et, pour la traduction allemande quelque peu différente, *Militärische Klassiker des In-und Auslandes*, Erstes Heft, éd. Taysen, Berlin, 1882. — Il convient d'ajouter que Frédéric lui-même trouve « dur et cruel, » l' « expédient » dont il s'agit.]

(2) [*Soldier's Pocket-Book*, Londres, Macmillan, 1885.]

pédier un paysan muni d'une lettre sur papier pelure, que l'on puisse rouler assez serrée pour la glisser dans un tuyau de plume d'un pouce et demi de long; après quoi l'on cache ce tuyau précieux, soit dans les cheveux ou la barbe, soit dans un creux ménagé au bout d'une canne. C'est également un bon système d'écrire sa correspondance secrète avec du jus de citron, en travers d'un journal ou sur les pages d'un Nouveau Testament. Elle se trouve ainsi garantie contre les indiscrétions, et sera néanmoins facile à lire pour peu qu'on l'expose au feu ou qu'on l'approche d'un fer rouge. — En tant que peuple, » ajoute Lord Wolseley, « notre éducation nationale nous enseigne à regarder comme un opprobre de réussir par tricherie. Le nom d'espion comporte un sens presque aussi répulsif que celui d'esclave. Nous continuons de bafouiller avec conviction, que « l'honnêteté » est la meilleure des politiques, » et que la vérité finit toujours par l'emporter. Ce sont là des sentiments qui font merveille dans un album de salon; mais l'homme qui voudrait agir en conséquence fera bien de rengaîner son épée une fois pour toutes. »

L'un des plus importants sujets que traitent les nouveaux manuels, est la personne même de l'ennemi. L'ennemi, nous déclare-t-on tout d'abord, se compose des forces en armes et de la population sans armes. La première règle de la guerre est que l'on peut détruire les forces en armes tant qu'elles résistent, et par tous les moyens légitimes. Mais le droit de tuer l'homme sous les armes ne dure qu'autant qu'il résiste. Dès qu'il se soumet, il a le droit d'être traité comme prisonnier militaire. On ne devrait jamais refuser quartier aux gens qui se rendent, à moins qu'ils se soient rendus coupables d'une violation des usages de la guerre, qui les exposerait d'elle-même à la peine de mort. Et, dans ce cas, il faudrait autant que possible les faire prisonniers et les mettre en jugement avant de les exécuter, parce qu'il est rare qu'un combattant soit dans le cas justifiable de prendre en main la défense de la loi contre un ennemi sans résistance. Vous n'ignorez pas, j'imagine, pour la plupart, que, sous cette forme générale, le principe est tout moderne. Vous avez presque tous appris, pendant votre enfance, des anecdotes émouvantes qui remontent à nos guerres de succession contre la France, où l'on refusait quartier à des garnisons qui venaient de se rendre. Plus d'un parmi vous se rappelle l'histoire des six bourgeois de Calais racontée par Froissard, et comment on eut beaucoup de peine à empêcher Edouard III de les pendre, à cause de leur résistance obstinée pendant le siège de leur ville. En réalité, durant cette expédition, comme pendant la campagne suivante d'Henri V contre la France, le général victorieux, alors même qu'il inclinait le mieux à la clémence, réservait toujours quelques assiégés, ne fût-ce qu'en petit nombre, pour les faire exécuter. Lorsque Rouen se rendit à Henri V, ce dernier stipula que trois citoyens seraient mis à sa disposition. Deux d'entre eux rachetèrent leur vie, et le troisième fut décapité. Lorsque le même prince, l'année suivante, assiégeait le château de Montereau, il envoya vingt prisonniers traiter de la reddition avec le gouverneur. Mais celui-ci ayant refusé d'y consentir, même pour leur sauver la vie, ils prirent congé de leur femme et de leur famille, et furent reconduits sous escorte dans les lignes anglaises, où le roi d'Angleterre ordonna de dresser un gibet et les fit pendre tous en vue de la garnison du château. Lorsque Meaux se rendit encore au même prince, il fut également stipulé que six défenseurs parmi les plus braves seraient abandonnés à sa justice, dont quatre eurent la tête tranchée à Paris, tandis que le commandant était immédiatement pendu à un arbre, hors les murs de la ville. — Sans doute, cette rigueur provenait en bonne part de l'habitude que l'on avait alors de traiter impitoyablement toute force qui résistait à une attaque, sans la moindre chance de succès. Et c'est ainsi que l'on expliquait les traits de barbarie qui accompagnaient les assauts et les sièges. Mais il ne faut pas oublier qu'il s'y joignait, à l'époque de ces guerres entre Anglais et Français, une autre cause d'animosité féroce. Aux yeux de ceux qui poursuivaient la lutte, c'étaient des guerres de succession. Aussi, des questions de fidélité et de soumission naturelles à l'autorité du souverain, venaient-elles se mêler aux considérations ordinaires d'une campagne. En lisant attentivement le récit de ces expéditions, on peut s'apercevoir que les rigueurs particulières de notre Edouard III et de notre Henri V, s'expliquent constamment par la conviction du prince victorieux, qu'il avait affaire à des traîtres obligés de se remettre entre ses mains. Et, de fait, la conviction que la population de l'endroit devait légalement allégeance au général de l'armée assaillante, semble bien avoir été le mobile spécial qui aboutit aux extrémités cruelles de ces guerres; tout comme la conviction que l'hérésie et l'infidélité étaient légitimement passibles du plus rigoureux châtiment, aboutit à la sauvagerie des guerres de religion. Il n'est pas douteux que nos manuels soient aujourd'hui d'une rectitude parfaite, quand ils déclarent qu'en pratique on ne doit jamais refuser quartier aux gens qui se rendent, à moins que ces derniers se soient rendus coupables d'une violation des usages de la guerre qui les exposerait d'elle-même à la peine de mort; — et lorsqu'on ajoute que, dans ce cas, il faudrait autant que possible les faire prisonniers et les mettre en jugement avant de les exécuter, parce qu'il est rare qu'un combattant soit dans le cas justifiable de prendre en main la défense de la loi contre un ennemi sans résistance. La question est de celles qui furent longuement discutées à la Conférence de Bruxelles; et quelques délégués proposèrent même que les espions, au lieu d'être exécutés sitôt pris, fussent toujours désormais traités en prisonniers de guerre.

Nous arrivons maintenant aux chapitres de ces manuels militaires, qui sont d'une lecture moins pénible. « On doit non seulement épargner les blessés, mais l'humanité exige, lorsqu'ils tombent entre les mains de l'adversaire, que leur soin passe avant tout autre, sauf le soin des blessés appartenant au parti du capteur. Les chirurgiens et autres assistants à leur service, bien qu'attachés aux forces en armes, sont garantis contre le risque d'attaque, à moins qu'ils dépouillent leur caractère de non combattants, et se servent d'armes véritables, auquel cas on doit les traiter comme incorporés parmi les combattants effectifs. La même tolérance et le même genre de traitement doivent s'étendre à tous ceux qui suivent la troupe, ainsi qu'à tout le personnel accessoire de l'armée qui ne porte point d'armes. »

Les premières et les dernières lignes de ce paragraphe nous exposent les résultats de la Convention de Genève, le point le plus avancé que les idées humanitaires aient atteint jusqu'ici dans la conduite actuelle d'une guerre. Cette Convention a été signée le 22 août 1864. D'après son titre même, elle a été dressée « pour l'amélioration du sort des blessés dans les armées en campagne. » Je vais vous lire quelques-unes de ses clauses principales.

« Les ambulances et les hôpitaux militaires sont reconnus neutres, et comme tels protégés et respectés par les belligérants, aussi longtemps qu'il s'y trouve des malades ou des blessés. La neutralité cesserait, si ces ambulances ou hôpitaux étaient gardés par une force militaire. Le personnel des hôpitaux et des ambulances, comprenant l'intendance, les services de santé, d'administration, de transport des blessés, ainsi que les aumôniers, participera aux bénéfices de la neutralité lorsqu'il fonctionnera, et tant qu'il restera des blessés à relever ou à secourir. » Le personnel désigné en l'article précédent peut, même après l'occupation par l'ennemi, continuer à remplir ses fonctions dans l'hôpital ou l'ambulance qu'il dessert, ou se retirer pour rejoindre le corps auquel il appartient. « Dans ces circonstances, lorsque ces personnes cesseront leurs fonctions, elles seront remises aux avant-postes ennemis par les soins de l'armée occupante... Le matériel des hôpitaux militaires demeurant soumis aux lois de la guerre, les personnes attachés à ces hôpitaux ne pourront, en se retirant, emporter que les objets qui sont leur propriété particulière. Dans les mêmes circonstances, au contraire, l'ambulance conservera son matériel. Les habitants du pays qui porteront secours aux blessés seront respectés et demeureront libres. Les généraux des puissances belligérantes auront pour mission de prévenir les habitants de l'appel fait à leur générosité et de la neutralité qui en sera la conséquence. Tout blessé recueilli et soigné dans une maison, y servira de sauvegarde. L'habitant qui aura recueilli chez lui des blessés sera dispensé du logement des troupes, ainsi que d'une partie des contributions de guerre qui seraient imposées... Les militaires blessés ou malades seront recueillis et soignés, à quelque nation qu'ils appartiennent. Les commandants en chef auront la faculté de remettre immédiatement aux avant-postes ennemis les militaires blessés pendant le combat, lorsque les circonstances le permettront et du consentement des deux parties. Seront renvoyés dans leur pays ceux qui, après guérison, seront reconnus incapables de servir. Les autres pourront être également renvoyés, à la condition de ne pas reprendre les armes pendant la durée de la guerre. Les évacuations, avec le personnel qui les dirige, seront couvertes par une neutralité absolue. Un drapeau distinctif et uniforme sera adopté pour les hôpitaux, les ambulances et les évacuations. Il devra, en toute circonstance, être accompagné du drapeau national. Un brassard sera également admis pour le personnel neutralisé, mais la délivrance en sera laissée à l'autorité militaire. Le drapeau et le brassard porteront croix rouge sur fond blanc. »

Le service des hôpitaux établi sous le régime de la Convention de Genève a été rempli par les chirurgiens, les gardiennes, les infirmiers militaires avec la plus entière abnégation et le plus vif enthousiasme. Il n'arrivera rien, je l'espère, qui puisse provoquer des mesures rétrogades à l'encontre d'une si grande réforme. Cependant, il s'est produit au point de vue militaire, dans l'application de la Convention de Genève, quelques inconvénients sur lesquels je veux dire un mot, par manière de conclusion. Je tiens d'une excellente autorité qu'il est très difficile de convaincre les chefs militaires en campagne, de la parfaite loyauté, de la complète bonne foi, avec laquelle ces clauses sont exécutées. Vous ne devez tirer ni sur un hôpital ni sur une ambulance de Genève; et pourtant l'hôpital de Genève avec ses ambulances et dépendances, qui sont d'ordinaire en déplacement constant, représente une agglomération très vaste de constructions, et protège une étendue considérable de terrain contre la ligne de feu. Les généraux sont assez portés à croire ou à se persuader que l'hôpital aura été installé dans un lieu désigné nommément pour couvrir le feu de l'un des partis, ou pour empêcher le feu de l'autre de devenir aussi efficace qu'il pourrait l'être. Il y a, j'en suis convaincu, beaucoup d'illusion dans ces soupçons, — illusion malheureusement de nature à renaître sans cesse dans l'esprit de l'homme qui engage une lutte mortelle. Tout ce que nous avons le droit de dire ici, c'est qu'il faudrait apporter la plus scrupuleuse bonne foi dans l'emplacement et l'emploi de ces adoucissements bienfaisants aux maux de la guerre, et qu'aucun châtiment ne serait trop sévère pour un officier, quel que fût son grade, qui les utiliserait sciemment pour infliger à l'adversaire le moindre dommage stratégique.

IX

DES PRISONNIERS ET DE LA RÈGLE DE QUARTIER.

A la fin de ma dernière leçon, j'ai cité la Convention de Genève, qui date de 1864, comme le progrès à la fois le plus avancé et le plus récent où les peuples soient parvenus en concertant leurs efforts pour adoucir les inévitables souffrances de la guerre. Le Droit international, tel que nous le comprenons aujourd'hui, offre néanmoins des règles bien plus anciennes et qui se proposent le même objet. L'état de prisonnier de guerre descend historiquement de l'état d'esclave. Il représente la catégorie sociale qui, suivant l'idée romaine, avait perdu sa liberté, sa patrie, sa famille. Par l'effet de la capture, il se trouvait abandonner à son capteur tous les droits qu'il possédait; il était tenu de travailler aux ordres de son maître ou de quiconque succéderait aux droits de ce maître, jusqu'à la fin de ses jours. Mais, à mesure que l'esclavage déclinant vint à tomber en discrédit, surtout grâce à l'influence de l'Eglise chrétienne, un certain nombre de règles se développèrent graduellement dans le but de restreindre la puissance du capteur sur le prisonnier de guerre. On peut dire que, sous la forme qu'elles ont prise aujourd'hui, elles tendent à empêcher que ce dernier ne soit actuellement traité comme un esclave. Dans les manuels que plusieurs grands Etats civilisés ont préparé pour leurs officiers en campagne, on déclare expressément que la détention des prisonniers a pour unique objet d'empêcher qu'ils ne reprennent part aux opérations militaires. On ne doit donc employer ici la contrainte qu'autant qu'elle est nécessaire, et dans la stricte mesure voulue pour obtenir ce résultat. On ne peut les obliger d'aider leurs capteurs dans les opérations mêmes de la guerre; mais on est libre de les utiliser de toute autre manière qui conviendrait à leur situation. L'argent qu'ils gagnent par leur travail doit être inscrit à leur actif, — sauf déduction de leurs frais d'entretien. Un prisonnier de guerre qui a commis une offense contre les lois militaires, — telle, par exemple, que d'achever ou de dépouiller les blessés, — doit être considéré comme ayant perdu son caractère de simple prisonnier, et devient passible de mort pour son crime. L'obligation primaire de l'entretien des prisonniers incombe nécessairement au capteur; et celui-ci doit les défrayer de la façon que comporte leur état. Tout prisonnier de guerre, à moins qu'il ait donné sa parole, et pris l'engagement de ne point s'échapper, a le droit de tenter une évasion; mais, si on le reprend, on ne saurait lui infliger, pour cette tentative, la peine de mort, non plus qu'aucun autre châtiment, — les usages de la guerre ne permettant pas de la regarder comme un crime. D'un autre côté, un soulèvement parmi les prisonniers de guerre, dans le but de favoriser leur évasion générale, peut être punie rigoureusement, voire de la mort en cas d'absolue nécessité, le conquérant ayant pour loi sa propre défense, et les coutumes de la guerre justifiant l'emploi des moyens indispensables à cette fin. On peut, d'ailleurs, resserrer la captivité après une tentative malheureuse d'évasion. Enfin, le prisonnier ne saurait être puni ou maltraité pour avoir refusé des renseignements sur les forces auxquelles il appartenait, ou pour avoir donné des informations fausses.

Il est arrivé plus d'une fois dans les temps modernes, qu'après la cessation de grandes guerres, ou lorsque les communications étaient possibles entre les belligérants au cours de la campagne, des plaintes sérieuses se soient élevées contre la façon médiocre dont le capteur avait rempli les devoirs que lui impose le Droit ou l'usage international, à l'égard des prisonniers en son pouvoir. A la fin de la guerre de Sécession, entre les fractions nord et sud des Etats-Unis, les armées nordistes s'emparèrent de la personne d'un officier sudiste qui avait eu la charge des prisonniers faits par les Confédérés durant la guerre. On lui reprochait nombre de cruautés envers ses captifs; aussi fut-il condamné et pendu par l'armée nordiste, après un jugement qui, de l'autre bord, fut taxé de toutes sortes de négligences ou d'irrégularités. Le Gouvernement anglais, à la fin du dernier siècle et au commencement de celui-ci, se voyait constamment accusé de barbarie envers les prisonniers français détenus sur les pontons de Portsmouth et d'autres ports; c'est même, probablement encore aujourd'hui, un lieu commun, chez les Français, de reprocher ce scandale à l'Angleterre comme l'un des plus grands méfaits qu'elle ait commis contre eux. Au fond, l'Angleterre se trouvait en grand embarras de se pourvoir de lieux de sûreté pour les prisonsiers, à cause du manque ou de la rareté des installations de ce genre dans le pays. Et l'on sait aujourd'hui que, dans la dernière période de la lutte, l'Empereur Napoléon n'inclinait guère à faciliter les échanges de prisonniers entre les deux puissances. Recrutant ses armées gigantesques, non seulement en France, mais, à vrai dire, sur la totalité du continent, il regardait d'un œil peu favorable tout ce qui pouvait ajouter au chiffre de l'armée britannique, qu'il estimait plus réduite qu'elle ne l'était réellement, ou tout ce qui devait accroître ses propres forces développées jusqu'à l'hypertrophie. Néanmoins, il est probable que, durant la guerre de Sécession comme pendant la lutte franco-anglaise des premières années de ce siècle, on n'aura pas toujours assez témoigné d'égards aux prisonniers; et j'espère qu'avec les recommandations expresses, sur lesquelles insistent les manuels nouveaux, et qui feront loi désormais en campagne, il n'y aura plus lieu de se plaindre à l'avenir du traitement des prisonniers de guerre.

La seule atténuation complète au malheur de la captivité ne peut être, bien entendu, que l'évasion du prisonnier, dont j'ai déjà dit quelques mots, ou l'action des règles qui autoriseraient sa libération définitive. Selon toute vraisemblance, les expédients dont on se sert pour relâcher les prisonniers remontent à l'usage présentement éteint de la rançon. Entre autres effets du principe que le captif devenait esclave, devait naître l'idée que naturellement il pourrait offrir à son capteur, si sa fortune le lui permettait, un prix suffisant pour induire ce dernier à se dessaisir de ce qui était devenu sa propriété. On exigeait, paraît-il, au Moyen-Age, de très fortes sommes d'argent pour la rançon d'un chevalier à cotte de mailles. C'était d'ordinaire un homme de naissance et de fortune. Mais, à mesure que le chevalier perdit de son importance rélative, et que la portion la plus active des troupes eut fini par se composer d'hommes d'armes, puis de corps mercenaires armés d'engins nouveaux, il se formula un certain nombre de règles qui tendirent à faciliter le renvoi spontané du gros des captifs. A la bataille de Poitiers, il y eut, nous assure-t-on positivement, tant de prisonniers, qu'il devint nécessaire de relâcher les chevaliers en les inscrivant débiteurs du chiffre de leur rançon dont on n'exigea point le paiement immédiat; et le surplus des captifs, en nombre vraiment énorme, fut simplement échangé.

L'échange est aujourd'hui devenu l'un des usages réguliers de la guerre, l'un des plus humains d'ailleurs, et des plus bienfaisants; on encourt même, d'habitude, beaucoup de discrédit en refusant de s'y prêter. Cependant, quoique l'échange, dit le texte des manuels que je viens de citer, soit le mode usuel pour relâcher les prisonniers de guerre, une nation ne se rend coupable d'aucune infraction formelle aux coutumes militaires, quand elle refuse d'échanger les siens; elle demeure libre de les retenir jusqu'à la fin de la guerre. Les échanges s'opèrent nombre pour nombre, grade pour grade, blessé pour blessé, avec adjonction de clauses pour adjonction de clauses, — telles, par exemple, que de ne pas servir pendant un temps donné. Dans l'échange des prisonniers de guerre, on peut s'entendre pour substituer à un officier de rang supérieur un nombre quelconque d'hommes de rang inférieur comme équivalent. Mais il faut que cet accord reçoive la sanction du gouvernement, ou du commandant en chef si l'on est en campagne. Tout prisonnier de guerre est tenu, sur l'honneur, de déclarer son grade au capteur; et jamais il ne doit s'attribuer un grade inférieur à celui qu'il possède réellement, afin de provoquer un échange plus avantageux, ni s'arroger un grade supérieur, pour obtenir un meilleur sort.

Il n'est pas rare que les prisonniers soient aussi relâchés moyennant engagement sur parole d'observer certaines conditions imposées par le capteur. On dit, en ce cas, que le prisonnier de guerre a donné sa parole; et, si sa parole est acceptée par le capteur, les Anglais le déclarent « parolé. » L'engagement ordinaire que l'on prend, en donnant sa parole, est de ne pas servir pendant toute la durée de la guerre actuelle. Cet engagement ne s'étend qu'au service actif contre l'ennemi. Il ne vise point le service intérieur, tel que le recrutement et le dressage des conscrits, l'apaisement des troubles civils, les combats à livrer contre des belligérants sans aucune relation avec le belligérant parolant, les services administratifs ou diplomatiques auxquels on emploierait la personne parolée. Les autorités juridiques tiennent la parole pour un contrat volontaire, intervenu entre deux parties. Rien n'oblige le capteur d'offrir au prisonnier de guerre l'occasion de donner sa parole; et le prisonnier de guerre ne saurait être contraint de la donner, s'il préfère demeurer captif. Il est de règle de dresser toujours par écrit et de garder avec soin la liste des officiers ainsi que des hommes libérés sur parole. Il est, en outre, de règle que le prisonnier de guerre n'est pas autorisé à prendre de lui-même l'engagement de ne jamais servir dorénavant contre un ennemi déterminé. L'engagement doit se renfermer dans de certaines limites de durée, — nul ne pouvant se libérer entièrement des devoirs qu'il doit à son souverain et à sa patrie. Le droit que possède un prisonnier de guerre de donner sa parole, peut même se trouver encore plus restreint par les lois de son propre pays. Si le prisonnier prend un engagement que son gouvernement refuse de ratifier, il est tenu d'aller se remettre aux mains du capteur. En thèse générale, l'officier commandant possède l'autorisation implicite de donner sa parole pour son compte personnel, aussi bien que pour les officiers et les hommes placés sous ses ordres. Un officier inférieur ne doit pas donner sa parole, ni pour lui-même, ni pour ses hommes, sans l'autorisation d'un officier supérieur, s'il s'en trouve à portée. Et, suivant la pratique des Anglais, aucun Etat n'a le pouvoir d'obliger ses sujets d'agir contrairement à leur parole. Mais fixer la mesure dans laquelle il a le droit de se refuser à ratifier les engagements sur parole et à contraindre ses sujets parolés de retourner dans les lignes ennemies, serait une question, ce semble, plus délicate au point de vue des principes. En général, il paraît plus sage d'admettre la validité des paroles, quitte à punir les individus qui ont donné la leur contrairement aux lois du pays. Un prisonnier repris après avoir violé sa parole, peut être puni de mort. Mais l'usage actuel est de lui épargner le dernier supplice, — à part le cas de circonstance aggravante, — et de remplacer la peine capitale par une incarcération sévère, dont les rigueurs ou les privations n'atteignent cependant à la barbarie ni par leur nature ni par leur intensité.

Ces règles, qui tendent à améliorer le sort et les espérances des prisonniers, sont d'origine assez ancienne relativement à l'histoire des guerres modernes, si on l'étudie dans son ensemble.

Il existe une autre série de règles sur lesquelles je voudrais ajouter un mot, — qui se rapportent au traitement général de la population en pays ennemi, et qui appartiennent aux chapitres les plus récents du Droit international. Elles offrent une matière d'un vif intérêt, mais d'une énorme difficulté. Ce fut même l'effort tenté pour rédiger une sorte de code à ce sujet, qui mit fin brusquement aux discussions de la Conférence de Bruxelles, et priva ses conclusions de l'autorité qu'elles auraient pu, somme toute, acquérir par ailleurs. Je ne saurais peut-être mieux exprimer que de la façon suivante, comment se sont élevées les questions en jeu. Dans toutes les guerres que poursuivent les armées du type actuel, notamment dans la guerre entre la France et l'Allemagne, il arrive un moment où l'un des deux partis est en droit de s'imaginer que le sort s'est prononcé définitivement en sa faveur. Dans la guerre franco-allemande, on peut dire que ce point fut atteint dès que les armées allemandes eurent investi Paris. Mais quelques-uns d'entre vous se rappellent, et d'autres ont lu peut-être, ce qui suivit. Léon Gambetta, l'un des membres marquants du soi-disant Gouvernement de la Défense Nationale, s'échappa en ballon pour établir à Tours un Gouvernement distinct, ou une branche distincte du Gouvernement. A dater de ce moment, commença pour ainsi dire une campagne nouvelle et d'un nouveau genre. Gambetta réunit des forces nombreuses, composées surtout des débris d'autres armées laissées en réserve sur plusieurs points ou qui avaient battu en retraite vers l'ouest, après leur défaite par les Allemands. Puis, à ces éléments divers, il joignit, en vertu de ce que l'on nomme la « levée en masse, » une grande partie de la population régionale jusqu'alors sans armes qu'il appela sous son drapeau. Cette seconde période de la guerre ne fut pas sans quelques avantages au compte des Français. Mais elle donna sur-le-champ naissance à quantité de questions nouvelles, sur ce que l'on devait tolérer dans la conduite d'une campagne militaire. Les principes auxquels la Conférence de Bruxelles a paru se rallier sont les suivants : — Le premier devoir d'un citoyen est de défendre son pays ; mais cette défense doit être subordonnée aux usages de la guerre. Ces usages exigent que l'ennemi soit à même de discerner les forces en armes de la population générale du pays, afin d'épargner celle-ci sans exposer ses propres troupes à se laisser attaquer par des gens que l'on peut raisonnablement croire absorbés dans leurs occupations paisibles. En outre, la guerre doit être dirigée par des personnes agissant sous le contrôle d'un gouvernement reconnu, lequel puisse mettre terme aux hostilités, de sorte que l'ennemi sache à quelle autorité recourir lorsqu'il souhaite conclure la paix. Par suite, dans les circonstances ordinaires, les individus qui commettent des actes d'hostilité, sans relever d'un corps organisé sous l'autorisation du gouvernement reconnu, et qui ne portent ni uniforme militaire, ni costume ou signe distinctif témoignant qu'ils appartiennent à un corps de troupes régulières, courent le risque d'être traités comme maraudeurs et punis en conséquence. — Jusque-là, on peut dire que les délégués de Bruxelles étaient suffisamment d'accord. Mais les restrictions qui suivent dans les manuels mis en circulation par les gouvernements témoignent combien loin on se trouve d'accepter unanimement les règles posées, ou de les regarder comme universelles. Ils ajoutent, en effet, sur ce chapitre : « Toutefois, on ne saurait formuler aucune règle, qui ne comporte de larges exceptions. Par exemple, les usages de la guerre n'autorisent point un commandant à mettre à mort, ni même à punir les habitants d'une ville après la cessation de l'attaque, sous le prétexte qu'ils ont combattu contre lui sans uniforme ni marque distinctive, — du moment que tous les habitants de la place peuvent être considérés comme ennemis légitimes, jusqu'à ce qu'elle soit prise. Semblablement, une population qui se lève en masse dans un pays encore inoccupé par l'ennemi, a le droit d'être traitée comme prisonnière de guerre et non comme un ramassis de maraudeurs; mais, en ce cas, elle doit offrir l'organisation d'une troupe régulière. De même, lorsque le gouvernement normal d'un pays vient d'être renversé par une émeute intérieure, l'absence de gouvernement reconnu, ayant le pouvoir de conclure la paix, ne suffit pas pour enlever aux corps réguliers dont il serait facile de vérifier le caractère ennemi, et qui se battraient contre l'étranger en se conformant aux usages militaires, le droit d'être traités comme prisonniers de guerre, le cas échéant. Mais il faut apprécier chaque incident suivant les circonstances, toujours en sauvegardant le principe que les personnes étrangères aux troupes régulières en uniforme dont le costume trahit le caractère, doivent, si elles commettent des actes d'hostilité contre l'envahisseur, et si elles veulent être traitées après capture comme prisonnières, s'organiser de telle sorte, ou combattre dans des conditions telles, que l'adversaire soit dûment averti qu'il trouvera en elles des ennemis déclarés dont il doit attendre une résistance sérieuse. »

L'extrême difficulté d'arriver à une entente complète, pour édicter un nouvel ordre de règles sur cette matière épineuse, parut insurmontable lors de la Conférence de Bruxelles. Et, de fait, les débats témoignèrent qu'au fond de la discussion les questions en jeu n'étaient autres que les divergences d'intérêts entre les Etats qui possèdent des armées immenses, comme les armées qui servent sous les drapeaux de la France ou de l'Allemagne, et les Etats moindres qui, pour raison de politique, de pauvreté, de médiocre étendue, refusent ou se sentent incapables d'entretenir des troupes sur une égale échelle. Les observations qui suivent se trouvent consignées dans une dépêche où le secrétaire d'Etat d'Angleterre, Lord Derby, résumait les conclusions de ce débat si remarquable. « Le second chapitre du rapport de la Conférence, relatif aux combattants et aux non-combattants, » dit-il à la page 5 de sa dépêche, publiée en 1875, « témoigna d'une égale divergence de vues, aplanie à la longue par un compromis. Le délégué suisse, dans ses remarques au sujet de l'article qui exigeait un signe distinctif, reconnaissable à distance, objecta qu'un pays pouvait se lever en masse, comme la Suisse l'avait déjà fait, et se défendre sans organisation ni commandement. On ne saurait étouffer l'ardent patriotisme qui aboutit à un soulèvement pareil; et, quoique l'on puisse se refuser à traiter ces patriotes, après une défaite, comme des citoyens paisibles, il serait inadmissible de ne pouvoir les défendre sous le prétexte qu'ils ne seraient pas de vrais belligérants. » Le délégué anglais rapporte également que, pendant la discussion générale, à propos de ce chapitre, le délégué des Pays-Bas fit observer que si l'on sanctionnait le plan proposé par le délégué de l'Allemagne, et si l'on adoptait les articles relatifs à la belligérance, tels qu'ils étaient rédigés dans le projet, le fait aurait pour conséquence d'amoindrir la force défensive de la Hollande, ou de rendre nécessaire le service universel et obligatoire, — révolution militaire à laquelle s'opposait le sentiment général du pays. Il réservait donc, plus que jamais, l'adhésion de son Gouvernement. Le délégué belge fit des réserves analogues. Dans son opinion, aucun pays ne pouvait admettre que, si la population d'un district occupée *de facto* se levait en masse contre l'autorité même établie de l'envahisseur, elle dût être soumise aux lois imposées par l'armée occupante. Il accordait qu'en temps de guerre l'occupant pouvait se trouver contraint, à l'occasion, de traiter sévèrement une population capable de se soulever; et, qu'à raison de sa faiblesse, cette population pouvait se voir obligée de se soumettre. Mais il déniait à tout gouvernement le droit d'exiger qu'on remît aux mains de la justice ennemie les hommes qui, pour des motifs patriotiques, à leurs propres risques et périls, se seraient exposés aux dangers qu'entraîne une insurrection. Le délégué suisse, qui avait précédemment fait observer à la Conférence qu'elle abordait ici les points essentiels du projet, déclara qu'il s'agissait, en toute franchise, de soumettre à la Réunion deux questions diamétralement opposées : d'une part, l'intérêt des grandes armées en pays ennemi, qui exige une certaine sécurité pour leurs communications et leur rayon d'occupation ; d'autre part, les principes mêmes de la guerre ainsi que l'intérêt de l'envahi, qui ne peuvent tolérer qu'une population soit livrée comme criminelle à la justice, pour avoir pris les armes contre l'envahisseur. La conciliation de ces intérêts contradictoires était, pour le moment, impossible à l'égard d'une levée en masse contre l'occupation d'un pays; et, vu la divergence des opinions émises, jusqu'à ce que la réunion pût les accepter avec des modifications provisoires, il fallut passer outre ce point, sur lequel s'était manifesté le plus complet désaccord.

Ces difficultés, qui empêchèrent le projet de la Conférence de devenir partie intégrante du Droit international civilisé, doivent s'attribuer sans doute au fait que les souvenirs de la guerre entre la France et l'Allemagne dominaient le cours des débats. C'est, entre beaucoup d'autres, une preuve nouvelle d'une vérité dont l'importance est considérable, — savoir, que l'heure favorable pour retoucher les parties sujettes à critique du Droit international n'est pas l'heure qui suit immédiatement, ou peu s'en faut, une grande crise. Je vous indiquerai plus loin quelques conclusions auxquelles semble aboutir cette vérité.

Il est, toutefois, une autre partie du Droit international sur laquelle il serait extrêmement désirable de posséder, autant que possible, un système de règles positives. C'est une conséquence peut-être inévitable, mais assurément trop fréquente, du manque actuel de règles que, si des ennemis se rencontrent dans une même campagne, et si l'un des partis se plaint des mesures adoptées par l'autre, il n'existe aucun moyen de punir ce que l'on regarde comme une violation des formes usuelles, hors la peine du talion, ou, pour employer le mot technique, les « représailles. » Les représailles, nous dit-on, constituent la vengeance dans l'ordre militaire. Elles ont lieu lorsqu'on venge un outrage commis d'un côté, par un acte similaire de l'autre bord. Par exemple, l'exécution non justifiée de prisonniers par l'ennemi peut être suivie de l'exécution d'un nombre égal de prisonniers par l'adversaire. Le talion est l'un des droits extrêmes de la guerre; et l'on n'y devrait recourir qu'à la dernière extrémité. « Il peut être bon de le remarquer » dit incidemment, et non sans intention de blâme, l'auteur que je cite : « jadis la conviction générale était que l'on pouvait passer au fil de l'épée la garnison qui venait de défendre obstinément une place devenue intenable au dire de l'ennemi. » Il n'est pas douteux que, durant la guerre franco-allemande, les représailles aient été poussées à des extrémités injustifiables de part et d'autre. Le Gouvernement français a publié un curieux volume qui reproduit tous les placards affichés sur les murs par ses ordres ou ceux d'autrui, pendant la campagne sur le territoire français (1). A tel endroit, les Allemands n'accordèrent aucun quartier, lors de l'attaque d'un village, sous le prétexte que vingt-cinq francs-tireurs s'étaient cachés dans un bois très proche, sans officier ni uniforme règlementaire, et qu'ils avaient frappé de leurs balles tous les Allemands qui leur venaient à portée. Un autre de ces placards est un avertissement d'un officier français au commandant prussien de Châtellerault, à l'occasion de la prétendue résolution de ce dernier de punir les habitants de l'endroit pour les faits et gestes de quelques francs-tireurs. « Je vous donne ma parole, menace pour menace, que je n'épargnerai aucun des deux cents soldats prussiens que vous savez en mon pouvoir (2). » Le général Chanzy lui-même, un galant homme placé dans une haute situation, écrit au commandant prussien de Vendôme, pour lui déclarer son intention de lutter « sans trêve ni

(1) [*Les Murailles Politiques Françaises*, Paris, Le Chevalier, 1874. L'ouvrage forme trois volumes qui n'ont aucun caractère officiel].

(2) [Nous n'avons trouvé, dans l'ouvrage indiqué par l'auteur, aucune trace de ces deux faits d'ailleurs très vraisemblables. — Au surplus, l'invasion allemande ne s'est pas étendue jusqu'à Châtellerault.]

merci, parce qu'il s'agit de combattre, non plus des ennemis, mais des hordes de dévastateurs (1). » En si grave matière, la Conférence de Bruxelles, ne pouvant faire davantage, a dû se borner à conseiller de ne recourir au talion que dans les cas extrêmes, et de ne l'exercer qu'avec toute l'humanité possible.

(1) [T. I, p. 656.]

X

DES RELATIONS ENTRE BELLIGÉRANTS SUR TERRE.

La Conférence de Bruxelles n'a donc pu résoudre un certain nombre de questions d'origine toute récente, et qui touchent à la situation de la population civile d'un pays, lorsque, par un soulèvement en masse, elle se donne la tâche de résister militairement à l'envahisseur. La proposition tranchante que les Allemands avaient soumise à la Conférence ne réussit à gagner aucune adhésion certaine; et les autres propositions du même ordre, qui prêtaient cependant à moins d'objections que le projet soutenu par le délégué de l'Allemagne, ne parurent pas de nature à se faire universellement accepter. Mais, ainsi qu'il est arrivé pour beaucoup d'autres recommandations émanées de la Conférence, la plupart de leurs clauses se retrouvent dans les manuels d'instructions qu'un si grand nombre de gouvernements civilisés mettent aujourd'hui entre les mains de leurs officiers. En ce qui regarde, notamment, le point essentiel à établir, la tendance générale est de conseiller l'adoption pour la population non militaire d'un uniforme quelconque, et de lui appliquer après son incorporation un traitement qui s'inspire de l'humanité, au lieu de la fusiller et de la pendre comme une simple bande de maraudeurs.

Ce sont là des questions qui n'ont guère d'importance pratique tant que les forces de l'invasion ne couvrent pas une grande étendue de pays. Dans la leçon précédente, j'ai cité l'investissement de Paris par les troupes allemandes comme pouvant servir à marquer cette phase de la guerre où notre branche du Droit prend une valeur nouvelle. Nous avons maintenant à considérer la situation légale des provinces envahies, qui se trouvent soumises à une occupation militaire. Cette position a beaucoup changé de face depuis les temps modernes. Jadis, la doctrine relative à la position d'un territoire envahi subissait l'influence du Droit romain. Le sol, comme tout autre objet, pouvait être capturé par simple occupation (*occupatio*), sous la réserve de ce que les Romains appelaient le *postliminium*, — terme juridique sous lequel on incarne d'ordinaire une fiction légale, en vertu de laquelle tout citoyen qui rentrait dans son pays après captivité, ou toute propriété qui retombait après capture entre les mains de son ancien possesseur, récupérait son état primitif. Ainsi, le territoire occupé militairement était regardé comme passant sous la gouverne de l'occupant, sauf les risques d'ailleurs mal définis que pouvait entraîner son retour au souverain antérieur. Frédéric-le-Grand, lorsqu'il envahissait un pays, obligeait d'ordinaire la population à lui fournir des recrues; et l'on a même vu le roi de Danemark vendre au Hanovre deux provinces alors suédoises, — celles de Brême et de Verden. L'inconvénient de cet état du Droit se fit beaucoup sentir à la fin de la guerre de Sept ans. Et la situation d'un pays, après invasion, aussitôt que l'ennemi venait de se retirer, avait fini par devenir constamment l'objet d'un traité spécial. Si nombreux que soient les changements de frontière en Europe, ils sont toujours aujourd'hui réglés par traités à la fin d'une guerre; et, même en Orient, il ne serait plus facile de rencontrer des territoires détenus en vertu de droits nés purement de la conquête. Le seul cas d'une province nouvelle dont la conquête soit l'unique titre de possession, et que l'on ait simplement incorporée aux autres territoires du pays conquérant, est la région de l'Inde connue depuis longtemps sous le nom de Barmanie inférieure. Le roi, demeuré en possession d'une partie de son territoire qu'il gouvernait de Mandalay, avait refusé, malgré qu'il eût subi une défaite complète, d'accéder à aucun traité de cession; aussi, à la suite d'une seconde campagne, la Barmanie inférieure fut-elle traitée comme faisant déjà partie de l'ensemble des territoires indiens.

J'ai dit que, dans une grande guerre d'invasion, le moment critique est celui où le territoire se trouve occupé militairement sur une vaste étendue. On rencontre beaucoup de détails à ce sujet dans les nouveaux manuels de guerre. Voici, en résumé, comment ils entendent la loi.

On dit que l'envahisseur occupe militairement une partie du pays lorsque les forces ennemies l'ont entièrement abandonnée. L'occupation doit être réelle et non pas fictive; il est même reconnu qu'une occupation « sur papier » soulèverait encore plus d'objections qu'un blocus « sur papier, » dans son caractère et ses effets.

En revanche, l'occupation partielle d'un district dont toutes les forces ennemies se seraient retirées est nécessairement une occupation de ce district, puisqu'il est impossible d'occuper sous une autre forme une surface considérable de terrain. La vraie marque de l'occupation militaire est la possession exclusive. Par exemple, la reddition d'une forteresse qui commande le pays environnant procure la possession militaire du pays qu'elle couvre, mais non point de toute autre place forte qui n'aurait pas ouvert ses portes à l'invasion. L'occupation militaire cesse dès que les forces envahissantes battent en retraite, ou continuent leur avance de manière à lâcher leur prise du territoire occupé. En cas d'occupation militaire, l'autorité de l'armée conquérante supplante celle du gouvernement régulier. La règle qu'impose l'envahisseur est la Loi de la guerre. Ce n'est pas la Loi de l'Etat envahissant, non plus que la Loi du territoire envahi. Elle peut avoir le caractère civil ou militaire, ou même être à moitié l'un et l'autre. En tout cas, la source d'où elle tire son autorité demeure invariable, — savoir l'usage de la guerre, et non la loi municipale; aussi le général qui fait respecter la règle n'est-il responsable qu'envers son propre gouvernement, au lieu de l'être à l'égard du peuple envahi. La loi d'occupation n'a rapport qu'aux habitants mêmes du pays. Les troupes ainsi que le personnel du camp sur le territoire étranger, pendant l'invasion — d'une armée anglaise, par exemple, — demeurent sous la loi militaire anglaise et ne deviennent à aucun égard justiciables de la loi d'occupation militaire. En règle générale, l'occupation militaire ne s'étend qu'aux détails qui concernent la sûreté de l'armée, — l'envahisseur permettant d'habitude aux tribunaux de l'endroit de continuer à connaître des crimes vulgaires commis par les hatants. Toutefois, la règle de conduite à suivre en pareil cas reste à la discrétion de l'envahisseur. Il peut abroger toutes les lois du pays pour leur en substituer d'autres. Il peut créer des tribunaux d'exception ou laisser les tribunaux indigènes exercer leur juridiction usuelle. Les tribunaux d'exception, créés par l'envahisseur pour mettre en œuvre la loi de l'occupation, sont ordinairement, dans le cas d'offense individuelle, des cours militaires organisées sur le modèle, et qui suivent la procédure, des cours martiales. Mais il est évident que, scientifiquement parlant, les cours installées de la sorte par un général anglais ne seraient point des cours martiales au sens de nos lois militaires (*Army Acts*). Ces cours n'auraient d'autres règles que la volonté du général. Le droit le plus important qu'exerce l'envahisseur occupant un territoire est celui de punir, de telle manière qu'il le juge convenable, les habitants coupables d'infractions aux règles qu'il pose pour garantir la sécurité de ses propres troupes. La faculté d'infliger des châtiments de ce genre, le cas échéant, semble incontestable. Mais l'intérêt de l'envahisseur non moins que les conseils de l'humanité, exigent que les habitants dont l'acte n'est criminel qu'en raison du tort fait à l'ennemi, soient traités suivant toute l'indulgence compatible avec la sûreté et le bien-être de l'armée d'invasion.

La loi martiale, ou, en d'autres termes, la loi d'occupation militaire, disent les règlements américains pour la direction des armées en campagne, doit « agir avec moins de rigueur dans les places et les territoires complètement occupés et qui n'offrent plus aucune résistance. » Les autorités « peuvent se montrer plus sévères lorsque l'hostilité persiste ou lorsqu'on a lieu de craindre qu'elle n'éclate. Il est permis au commandant des troupes, même dans son propre pays, de recourir à des mesures de rigueur lorsque les troupes sont en présence de l'ennemi, à cause des nécessités impérieuses de cette situation et du devoir suprême de défendre le pays contre l'invasion. Le salut de la patrie passe avant toute autre considération (1). »

En résumé, il faut garder présent à l'esprit que l'envahisseur ne peut, d'après les usages de la guerre, contraindre l'habitant à s'enrôler comme soldat ni à prendre une part active aux opérations militaires contre son propre pays. La doctrine, avec toutes ses conséquences, peut se traduire comme il suit. — Dans un pays sous le coup d'une occupation militaire, les pouvoirs exécutif et législatif passent entièrement à l'envahisseur. Il ne s'ensuit pas que ce dernier soit forcé d'exercer les pouvoirs en question; mais, théoriquement, ils lui appartiennent. Le duc de Wellington eut l'occasion d'adresser sur ce point, au Parlement anglais, quelques observations que tous les manuels contemporains reproduisent comme faisant autorité. « La loi martiale, » disait-il, « n'est ni plus ni moins que la volonté du général commandant en chef; au fond, la loi martiale est l'absence de toute

(1) [Art. 5. — Trad. Lardy. Appendice du *Droit International* de Bluntschli. Paris, Guillaumin, 4e éd., 1886.]

loi. Par conséquent, le général qui proclame la loi martiale et donne l'ordre de la faire exécuter, se trouve dans l'obligation de formuler nettement les règles et instructions qui servent à exprimer sa volonté. Or, nulle part je n'ai proclamé la loi martiale, c'est-à-dire que je n'ai jamais gouverné une grande étendue de territoire de par ma seule volonté. Comment m'y prenais-je alors? Je déclarais que le pays serait gouverné d'après ses lois nationales; puis, je faisais exécuter à cet égard ma volonté formelle. » Si l'on compare cet état de Droit avec celui qui représente notre point de départ, il devient évident que l'ancienne doctrine et les anciens usages relatifs à l'occupation ont beaucoup changé. Ils n'offrent plus aujourd'hui le moindre rapport avec le Droit romain; et personne ne songerait désormais à emprunter au Droit romain des règles pour la circonstance. L'usage moderne repose, en fait, sur la nécessité militaire; et c'est la nécessité militaire qui lui fixe ses limites. Un général, en temps d'invasion, peut faire telle ou telle chose, parce que, d'après l'hypothèse, il ne se trouve personne autre pour la faire. En Angleterre, la règle légale est la même en temps de paix qu'en temps de guerre. On y peut toujours recourir à l'emploi des troupes, lorsque l'urgence paraît suffisante, en raison de l'absence temporaire ou locale de l'autorité civile.

Cet ordre de choses prend fin avec la cessation des hostilités. Les guerres de nos jours ne traînent point en longueur comme les anciennes guerres de succession et les vieilles guerres de religion. Un traité de paix intervient toujours au bout d'un temps convenable. Et même, le grand obstacle que rencontre l'achèvement d'une guerre contemporaine est, parfois, la difficulté de trouver une autorité capable de signer la paix. Les Allemands éprouvèrent ce grave embarras après qu'ils eurent effectué, dans une large mesure, la conquête de la France pendant la dernière guerre. Ils s'étaient mis dans l'esprit que la seule autorité qui pût conclure au nom de la France un traité que les Français respectassent, devait être une Assemblée nationale. De là vient qu'ils insistèrent si vivement pour obtenir l'élection de cette assemblée avant la conclusion de la paix.

Il ne sera pas inutile, je crois, de dire quelques mots des traités qui terminent aujourd'hui la guerre. Depuis l'époque moderne, la paix est toujours précédée d'un armistice; et l'armistice, d'une « suspension d'armes » qui n'est autre chose qu'un armistice plus court. La règle posée par les juristes internationaux est que l'état de guerre prend fin par un traité de paix ou par une trêve générale. Le traité de paix termine la guerre et lui enlève absolument toute raison d'être. La trêve générale termine aussi la guerre ; mais elle ne tranche rien de la question qui lui avait donné naissance. Dès les temps modernes, ces trêves générales sont tombées en désuétude. Elles étaient assez fréquentes au Moyen-Age, spécialement entre Turcs et Chrétiens, parce que la religion de chaque parti lui interdisait de conclure un traité de paix définitive. On a toujours posé en principe que les traités et les trêves générales ne pouvaient être conclus que par le pouvoir souverain de l'Etat, à l'exclusion de toute autre autorité. — L' « armistice » se définit une trêve partielle. La faculté de signer un armistice est, pour le commandant en chef, indispensable à l'accomplissement de ses devoirs officiels. Il est donc censé posséder cette faculté par délégation de son souverain, sans aucune attribution spéciale. Cette présomption d'autorité est si forte qu'aucun acte du souverain ne peut la contredire. Si l'officier conclut un armistice en désobéissant aux ordres qu'il a reçus de son souverain, il devient punissable par ce dernier; mais le souverain reste lié par l'armistice, du moment que l'ennemi ne saurait être censé connaître les restrictions imposées au pouvoir du général en chef.

Plusieurs auteurs internationaux estiment, et le fait semble d'ailleurs probable, que les armistices sont nés de la Trêve ou des Trêves de Dieu, proclamées à tant de reprises par l'Eglise chrétienne. Ces trêves prenaient des formes nombreuses et très singulières. Ainsi la fameuse Trêve de Dieu devait commencer tous les mercredis au coucher du soleil, et durer jusqu'au lever du soleil le lundi suivant. Elle devait régner depuis l'Avent jusqu'à l'octave de l'Epiphanie, et depuis le dimanche de la Quinquagésime jusqu'à l'octave de Pâques. Quiconque, rompant la trêve, refusait de donner satisfaction était excommunié; et, après le troisième avertissement, l'évêque qui l'excommuniait devait lui refuser la communion sous peine d'être déposé lui-même. La Trêve fut confirmée par plus d'un Concile, notamment par le Concile de Latran, en 1179. Quelques-unes de ses règles s'étendirent en Angleterre, où le mercredi et le vendredi furent choisis comme jours où l'on devait vivre en paix. Il est éminemment probable que ces trêves momentanées et limitées accoutumaient les communautés belliqueuses d'alors à des suspensions temporaires d'hostilité; d'où résulte que les armistices obtinrent une faveur manifeste et considérable. Mais ils soulevèrent aussi, et soulèvent encore à vrai dire, un certain nombre de questions passablement délicates. Nous trouvons nombre de règles sur ce que peut faire ou non un belligérant pendant un armistice. Mais les idées que l'on se fait de ses obligations, depuis les temps modernes, sont décidément contradictoires. D'une part, on maintient qu'il lui faut s'abstenir de tout acte équivoque d'hostilité durant l'armistice, — que cet acte rentre ou ne rentre pas, d'ailleurs, dans la catégorie de ceux que l'ennemi peut interrompre; tandis que, d'autre part, on assure que, suivant l'usage de la tactique moderne, les belligérants ont parfaitement le droit d'altérer la disposition de leurs troupes, de construire des retranchements, de réparer leurs brèches, en un mot d'accomplir tous les actes qu'ils jugent convenables pour se préparer à la reprise des hostilités. La violation d'un armistice par l'un quelconque des partis adverses confère à l'autre le droit d'y mettre fin. Mais sa violation par de simples individus ne donne que le droit d'exiger le châtiment des coupables. Ce problème offre dans la pratique les plus graves difficultés. Et, dans tous les manuels, on conseille d'avoir le plus grand soin de spécifier, en cas d'armistice, les actes qui seront permis ou interdits durant son cours.

Une autre question que l'on considérait, évidemment, comme prêtant à de sérieux embarras était la fixation du commencement et de la fin d'un armistice. Supposons qu'il soit conclu pour un certain nombre de jours, — par exemple du 1er mai au 1er août : on s'est demandé si les deux jours en question s'y trouvent inclus ou en sont exclus. Le mode usuel de calcul, en Angleterre, pour déterminer la durée légale, consiste à y inclure le premier jour, mais à en exclure le dernier. Par conséquent, dans le cas indiqué ci-dessus, d'après la loi anglaise, la trêve commencerait à l'heure où s'achève le 30 Avril pour cesser à la minute où expire le 31 Juillet. Pour éviter les contestations, il devrait être établi qu'elle courra du 1er Mai inclusivement, jusqu'au 1er Août inclus, si l'on a l'intention d'y inclure le 1er Août; ou mieux encore, de commencer à heure fixe un certain jour, et de s'arrêter à heure fixe un autre jour. Si l'armistice est très court, on doit avoir soin d'en déterminer le nombre d'heures; et, dans tous les cas, il est sage, lorsqu'on s'accorde en vue d'un armistice, de s'entendre pour marquer d'un signal, — qui consistera, par exemple, à hisser un pavillon ou à tirer un coup de canon, — le commencement tout aussi bien que la fin de la trêve. L'armistice, on ne doit pas l'oublier, n'est qu'une paix restreinte; et l'état de guerre persiste, encore que les hostilités actives soient suspendues. Cet ordre de choses anormal risque d'aboutir, en l'absence de stipulations expresses, à des complications épineuses, lorsqu'on veut déterminer ce qu'il est permis de faire ou de continuer de faire. Sauf le cas de stipulation formelle, la règle générale est, ce semble, qu'un belligérant ne saurait prendre avantage d'un armistice pour commettre un acte agressif qui n'eût pas été pour lui sans péril en dehors de l'armistice même. Par exemple, dans le cas d'un armistice entre une armée assiégeante et une place assiégée, l'assiégeant ne doit pas continuer ses travaux contre la place, ni l'assiégé réparer ses fortifications, élever de nouveaux épaulements, introduire dans la place des secours ou des renforts. La dernière question menaçante qui se soit élevée en Europe est née d'un incident relatif à l'ordre de clauses que je viens d'analyser.

Avant de terminer cette leçon, il convient peut-être de noter en substance les explications qui se rencontrent dans les manuels récents, à l'égard d'un certain nombre de termes dont l'emploi devient très fréquent dans cette partie des opérations militaires, mais que les simples civils et les historiens eux-mêmes appliquent d'une manière fantaisiste. Prenons tout d'abord le mot « capitulation. » La capitulation est un accord pour la reddition soit d'une place assiégée, soit de troupes isolées et tombées en campagne aux mains de l'ennemi. Les commandants, de part et d'autre, sont investis du droit de s'entendre sur les termes de la capitulation, d'autant que la possession de ce pouvoir est nécessaire à l'exercice propre de leurs fonctions. D'un autre côté, l'étendue de ce même pouvoir est limitée par la nécessité de son exercice. Quand une place se rend, les questions en jeu sont la possession immédiate de la place et le sort de la garnison. La capitulation doit donc se borner à régler ces détails. Elle peut déclarer que la garnison se rendra prisonnière sans condition, ou qu'elle aura le droit de sortir avec tous les honneurs de la guerre. Elle peut aussi pourvoir à ce que les soldats formant la garnison ne servent plus pendant toute la durée de la campagne. Il est très légitime d'introduire dans une capitulation des conditions additionnelles pour la protection des habitants et de leurs privilèges, ainsi que pour leur assurer l'immunité du pillage ou des contributions de guerre. Stipuler dans une capitulation que la garnison ne portera plus jamais les armes contre les troupes de l'Etat vainqueur, ou que la souveraineté de la ville changera de mains, serait une clause sans valeur; car il est visible que des pouvoirs de cette étendue n'appartiennent qu'à la puissance souveraine de l'Etat, et qu'on ne saurait présumer leur délégation à des chefs subalternes.

Il ne sera pas inutile, non plus, d'ajouter quelques remarques sur le « drapeau parlementaire. » C'est un pavillon qui ne peut être déployé légitimement que pour entrer en quelque accord avec l'ennemi. Si on l'emploie avec l'intention subreptice d'obtenir des renseignements sur les forces adverses, il perd son caractère de drapeau parlementaire et le porteur s'expose au châtiment des espions. Il faut néanmoins user de la plus grande prudence et s'appuyer sur les preuves les plus décisives pour taxer d'espionnage le porteur d'un drapeau parlementaire. En même temps, on ne doit pas laisser le porteur s'approcher sans permission á distance suffisante pour obtenir des informations sérieuses. Lorsqu'une armée a pris ses positions, le porteur du pavillon parlementaire ne doit pas se permettre de franchir sans invitation la ligne extérieure des vedettes, ni même avancer à portée de leur feu.

Quand une troupe détache un parlementaire pendant un engagement, elle devrait s'arrêter et cesser le feu. La troupe à laquelle on l'envoie devrait, si le commandant accepte de le recevoir, faire un signal en ce sens et cesser à son tour le feu. Mais il doit bien être entendu que, durant un engagement, le feu ne cesse pas nécessairement à l'apparition d'un parlementaire, et que les parties qui communiquent par ce moyen ne peuvent se plaindre si ceux qui envoient le parlementaire continuent le feu. Lorsqu'on refuse d'admettre le pavillon parlementaire, on doit, le plus tôt possible, faire signe au porteur de se retirer; et, s'il n'obéit pas au signal, on peut tirer sur lui.

Ajoutons encore quelques mots sur d'autres termes de l'art militaire qui se rattachent à ceux que je viens de définir. Le « cartel » est un engagement pour l'échange des prisonniers de guerre. Un « navire-cartel » est un navire muni d'une commission spéciale pour cet échange; on le considère comme neutre, et il ne doit prendre part à aucune hostilité, non plus que transporter aucun engin de guerre, sauf un canon pour les signaux. Le « sauf-conduit » ou « passe-port » est un document signé par le commandant d'une force belligérante, qui permet à certaines personnes de traverser, soit seules, soit avec leurs serviteurs et leurs bagages, l'intérieur des lignes occupées par les forces soumises à ce commandant. Le mot *passeport* s'applique d'ordinaire aux personnes; le mot *sauf-conduit*, aux personnes et aux choses. Le sauf-conduit pour les personnes n'est pas transmissible. Il prend fin à la date fixée, à moins que le destinataire soit retenu par la maladie ou toute autre cause inévitable, auquel cas il se termine avec la cessation de la cause. Le sauf-conduit peut être révoqué s'il porte préjudice à l'Etat, — c'est-à-dire qu'un officier préparant un mouvement décisif peut révoquer le sauf-conduit d'une personne qui, sous le couvert de cette pièce, serait capable de fournir des renseignements à l'ennemi. En ce cas, pourtant, on doit donner au porteur le temps et les facilités nécessaires pour se retirer en sécurité. Toutefois, un sauf-conduit pour les objets matériels autorise leur transport par une autre personne que le propriétaire, à moins d'une objection spécifique contre la personne employée. La « sauvegarde » est une garde postée par l'officier qui commande, dans le but de protéger la propriété ou les personnes contre les agissements de ses propres troupes. Employer la force contre une garde de ce genre est, aux yeux de la loi anglaise, un crime militaire du caractère le plus grave ; et notre Acte sur l'armée le punit de mort.

Vous devez vous rappeler qu'il y a tout au plus quelques mois, un malaise sensible se fit brusquement ressentir par toute l'Europe, à l'occasion d'un incident sur la nouvelle frontière franco-allemande. Un fonctionnaire français, appartenant par sa naissance à l'ancienne population française des provinces allemandes aujourd'hui, fut rencontré sur le nouveau territoire allemand dans des circonstances qui le rendaient passible d'arrestation d'après la loi allemande. Il arguait pour sa défense qu'en cette occasion, comme en mainte autre précédente, il avait suivi l'invitation des fonctionnaires allemands de la frontière à les aider dans le règlement des difficultés pendantes sur la délimitation des deux pays. Les fonctionnaires allemands prétendaient, nonobstant, qu'il se trouvait, dans l'occasion présente, préparer des actes d'hostilité contre l'Allemagne. Après un certain échange de correspondance diplomatique, le Gouvernement allemand déclara que, si les fonctionnaires allemands avaient invité un fonctionnaire français à franchir la frontière et à s'avancer sur le territoire allemand, pour quelque raison que ce fût, ce fonctionnaire se trouvait sous la protection d'un sauf-conduit implicite jusqu'à ce qu'il pût regagner son domicile en France ; en vertu de quoi, M. Schnæbelé fut relâché. La controverse aura donc fini par établir ce point, qu'un sauf-conduit peut être aussi bien implicite que formel.

XI

DES DROITS DE CAPTURE SUR TERRE.

Avant d'abandonner l'ordre de questions que j'ai discutées dans nos leçons dernières, il peut y avoir intérêt à s'arrêter quelques instants sur une branche du Droit de la guerre terrienne qui s'efforce de prévenir des incidents de belligérance capables d'engendrer parfois autant de souffrances, et de produire constamment plus d'irritation que des hostilités effectives. Il s'agit du droit relatif à la capture de la propriété sur terre. J'ai dit, dans une leçon précédente, que la guerre terrienne ressemble à la guerre maritime au point de vue des principes que l'on y applique à la capture de la propriété. Mais il s'élève, dans le fait, une différence sensible entre les deux, attendu que les neutres ne se trouvent pas intéressés dans les guerres terriennes de la même façon que dans les guerres maritimes, — puisqu'il n'existe point de Conseil des prises pour insister sur le respect des règles et pour imposer une certaine modération. Le principe de la capture est que la propriété mobilière, sur terre comme sur mer, s'acquiert par le seul fait que l'on en prend une ferme possession. Laissant, toutefois, de côté la propriété mobilière pour le moment, et passant aux immeubles, je dirai tout d'abord que l'on rencontre beaucoup de détails à leur sujet dans les plus anciens livres de Droit. « Le titre absolu au territoire d'un pays, » enseigne sur ce point la règle dominante, « s'acquiert, d'habitude, soit par traité, soit par l'entière soumission ou par l'entière destruction de l'Etat auquel appartient le sol. » Ici, ce que l'on vise est la souveraineté, autrement dit le droit suprême que l'on appelle quelquefois *dominium eminens* à l'égard de la propriété, — le droit chez le souverain corporatif ou individuel d'affecter la propriété par l'influence de la législation. Dans de certaines circonstances, d'ailleurs assez rares, le droit de propriété, qui se trouve généralement entre des mains particulières, ne saurait être séparé du domaine éminent. Ceci se rencontre dans l'Inde; et, plus ou moins probablement, dans tout le reste de l'Orient. Le souverain est alors propriétaire universel. Mais, de nos jours, les droits de quasi-propriété qu'un souverain vaincu aurait créés ou respectés seraient au fond maintenus par l'envahisseur victorieux. Tel a été, somme toute, le cas dans la récente conquête de la Barmanie par les Anglais. — Quoi qu'il en soit, les plus vieux ouvrages de Droit international semblent viser surtout un autre genre d'acquisition immobilière, quand ils parlent d'une capture de la propriété privée. Leurs auteurs paraissent ici songer à la saisie de terres, qui seraient d'ailleurs propriétés individuelles, par les soldats de l'invasion victorieuse, à beaucoup près de la même façon que l'on imagine les provinces de l'Empire romain tombant en la possession des Teutons barbares. Aujourd'hui, c'est un cas qui ne se présente jamais; mais s'il se rencontrait, le nouvel occupant ne pourrait détenir le sol que sous la réserve du principe romain de *postliminie*. Le propriétaire précédent, à son retour, recouvrerait ses droits anciens, et le nouveau possesseur serait expulsé. Une hypothèse plus facile à se figurer est celle où un simple civil, occupant le sol, vendrait, moyennant finances, une portion de la terre dont il aurait pris possession. Ici, encore, le principe de *postliminie* interviendrait en théorie; et le résultat serait d'offrir, à chaque vente successive de la propriété capturée, un titre tellement aléatoire que l'on peut à peine concevoir cette mise en vente. L'usage moderne admet que l'exploitation du domaine et des édifices publics, ainsi que les rentes et autres profits que l'on tirerait de ces terres et édifices, fassent partie des dépouilles de la guerre. A l'égard de la propriété privée sur terre, les belligérants actuels évitent d'habitude, autant que le comportent les opérations militaires, d'exercer jusqu'au bout leur droit de saisir ou de détériorer la propriété privée, même la propriété foncière. La coutume, d'ailleurs, n'oblige qu'à la condition que, non seulement les propriétaires, mais encore la communauté à laquelle ils appartiennent, s'abstiendront de tous actes hostiles; car il n'est pas rare de voir l'envahisseur prendre ou détruire la propriété de quelques individus, par manière de châtiment, pour les punir du tort qu'ils ont infligé, ou que vient d'infliger la communauté dont ils sont membres, à la propriété qu'il possède lui-même. En pareil cas, l'innocent doit nécessairement payer pour le coupable. Mais un général animé de sentiments humains ne détruira pas tout un village, sauf dans une circonstance extrême, pour un méfait commis par l'un de ses habitants, ou ne ravagera pas un district pour punir une attaque faite dans son périmètre par une troupe de maraudeurs. Du droit qui appartient à l'ennemi victorieux de s'approprier le sol et les édifices, l'usage moderne excepte les musées, les églises et autres monuments artistiques. Quelques auteurs prétendent même que l'on ne saurait détruire aucun édifice public, à moins que l'adversaire ne l'ait utilisé pour des services militaires.

Si nous revenons maintenant à la propriété mobilière, il est admis que l'envahisseur peut prendre possession des armes, des engins de guerre et de tous autres meubles appartenant à l'Etat envahi. On fait pourtant exception à ce droit de confisquer les meubles de l'ennemi, dans le cas d'archives, de documents historiques, d'actes judiciaires et de titres légaux. L'envahisseur peut les garder tant qu'il reste dans le pays et qu'il a besoin de les compulser. Mais les emporter avec lui serait un acte de vandalisme interdit par les usages de la guerre; la rétention de ces documents ne saurait aider en effet d'aucune manière à terminer le conflit, tandis qu'elle inflige un préjudice aussi grave qu'inutile au pays dont ils sont la propriété, — notamment à ces pays aujourd'hui fort nombreux qui, à la différence de l'Angleterre, possèdent un registre complet de leurs titres fonciers. La confiscation des instruments scientifiques, des tableaux, des statues et œuvres quelconques d'art ou de science appartenant au public, trouve une certaine sanction dans la pratique réitérée des diverses puissances; mais elle semble incompatible avec les restrictions admises au Droit de la guerre, lesquelles ne dépouillent l'ennemi que des objets susceptibles de lui permettre de résister; aussi ne se peut-elle justifier qu'à titre de représailles. — Il y a soixante et dix ans, la question du droit qui appartient à l'ennemi vainqueur d'emporter avec lui les œuvres d'art, fut l'objet d'une violente controverse en Angleterre, comme dans toute l'Europe; et le sujet fut discuté à plus d'une reprise au sein du Parlement anglais. On sait très généralement qu'à la suite des précoces et prodigieux succès de Napoléon Bonaparte en 1796, puis en 1797, un seul des petits Etats italiens put se soustraire à la nécessité de céder aux Français victorieux les objets d'art qui glorifiaient ses grandes villes. L'Apollon du Belvédère, le Gladiateur mourant, la Vénus de Médicis, le Laocoon, les Chevaux de bronze, furent transportés à Paris et déposés au Louvre, où ils demeurèrent jusqu'à la chute du premier Empire. A ce moment, lorsque les alliés, rentrant pour la seconde fois dans Paris, eurent repris possession de toute la cité, ils restituèrent la plupart de ces fameux chefs-d'œuvre à leurs possesseurs originels. Les Français exprimèrent, et sans doute éprouvèrent en toute sincérité, l'indignation la plus vive, — indignation que traitèrent nonobstant avec un superbe dédain les publicistes anglais d'alors, aux yeux desquels il semblait que la colère de la population française ou parisienne fût une absurde protestation contre le désagrément de subir la règle qu'elle avait appliquée si généreusement à autrui. Mais, si nous voulons nous en tenir à l'application du droit strict, dans l'espèce, il y avait quelque chose à dire contre la validité internationale des restitutions de ce genre, vu la manière dont elles s'accomplirent en réalité. Des objections appuyées sur leur irrégularité furent soumises à la Chambre des Communes, entre autres, par le grand jurisconsulte Romilly. Il est positif que, parmi ces œuvres d'art, plus d'une avait

17

fait partie des contributions forcées qu'un vainqueur a toujours le droit de lever sur l'ennemi; — et que d'autres avaient été livrées en vertu de conventions expresses, auxquelles l'Etat cédant n'avait aucun moyen de résister. En de certains cas, d'ailleurs, l'Etat auquel s'adressait la restitution s'était trouvé absorbé par un autre Etat pendant la prolongation de la guerre contre la France. — Ainsi Venise, qui avait dû abandonner au Louvre quelques-unes de ses plus belles œuvres d'art, était fondue maintenant dans l'Empire d'Autriche. On argua, de plus, qu'il était avantageux pour la civilisation de ne point disperser ces précieux modèles à travers un grand nombre de petites villes italiennes qui n'étaient pas toutes alors, tant s'en faut, d'un accès facile; et que mieux valait qu'elles demeurassent, au total, dans un lieu où l'on pouvait se rendre aussi aisément qu'à Paris. La vérité paraît bien être que l'enlèvement de ces objets à leur ancienne résidence d'Italie, était l'effet d'une loi toute récente de la guerre. Frédéric-le-Grand, par exemple, qui a plus d'une fois occupé Dresde, avait toujours épargné la fameuse Galerie et ses trésors. La règle nouvelle introduite par Napoléon Bonaparte, en sa qualité de conquérant de l'Italie, et que les alliés appliquèrent à leur tour lors de l'occupation de Paris, était, ce semble, la loi du talion. Il y avait sans doute, en revanche, si nous écartons la doctrine technique, beaucoup d'arguments à soutenir en faveur de la restitution de ces statues et de ces tableaux aux cités italiennes. On les y tenait en plus précieuse estime que tout autre objet de propriété. Il est telle de ces villes qui recevait à peine avant la guerre quelques visiteurs, sauf les voyageurs désireux d'admirer un ouvrage célèbre. Comme je l'ai dit, la seule objection plausible contre leur restitution était l'avantage plus marqué pour la civilisation de les installer à Paris. Mais, à notre âge de chemins de fer, leur éloignement en Italie n'offre plus d'inconvénient sensible ; et les manuels publiés récemment par les Etats civilisés, condamnent, en général, la capture des œuvres d'art. Notre Manuel anglais déclare que la confiscation des instruments scientifiques et des œuvres d'art ne peut se justifier qu'à titre de représailles. A ce propos, j'oserai faire observer qu'un acte attribuable à un officier anglais, commandant des troupes anglaises, et que les nombreux ouvrages américains sur le Droit international s'accordent presque universellement à stigmatiser, pourrait se justifier, à tout prendre, de la même façon. Incontestablement, la destruction du Capitole de Washington, en 1814, n'est pas un exploit dont un Anglais puisse se vanter à première vue. Mais, si l'on étudie de près l'histoire de cette campagne, on verra qu'à Washington l'ennemi avait tiré de l'arsenal sur les troupes anglaises; et aussi que, peu de temps auparavant, la principale ville du Bas-Canada, désignée alors sous le nom d'York, venait d'être brûlée, avec tous ses édifices publics, par les troupes américaines qui l'occupaient. De là vient que cet acte, qui mérite au premier aspect une condamnation sans réserve, s'expliquerait jusqu'à un certain point comme mesure de vengeance.

Les ouvrages modernes sur la matière blâment tous, plus ou moins formellement, le pillage auquel se livrent, sans y être autorisés, les soldats de l'armée d'invasion. Pourtant, il n'y a malheureusement pas lieu de douter que, dans toutes les guerres, le pillage continue, surtout dans les guerres terriennes. Entre la guerre et le pillage, il existe une très vieille association d'idées. D'ailleurs le pillage est, en général, trop facile. Il s'en est incontestablement produit beaucoup, encore que ce ne fût pas sous la forme la plus grave, pendant que les Allemands occupaient une grande partie de la France. Les Anglais s'en abstinrent en Espagne autant que pouvaient les en empêcher les ordres de Wellington. Au reste, ce dernier employait parfois les châtiments les plus sévères pour détourner ses troupes d'aller au butin. Et comme, en définitive, il opérait en pays ami, il aurait eu sérieusement à souffrir de voir l'accueil sympathique des habitants se transformer en dispositions hostiles. Un commandant peut toutefois autoriser le pillage. Mais le pillage, même autorisé, comporte un adoucissement considérable. Les meubles capturés sont, d'après le principe légué par les Romains au Droit international, *res nullius*; et l'on a plus d'une fois observé, ainsi que je l'ai fait moi-même entre autres, que, dans la transition, en Europe, des principes romains aux principes féodaux, le droit à la *res nullius* paraît avoir été dévolu au souverain, — très souvent même au seigneur du manoir où elle se rencontrait, — si bien qu'elle perdit le caractère primitif que lui attribuait la doctrine romaine. Le principe tient encore lorsque le pillage est autorisé. Légalement, le butin devient propriété de la Couronne; on le met en tas pour le répartir équitablement entre les troupes victorieuses. Il faut noter aussi que l'usage courant autorise les réquisitions militaires, les contributions forcées; et, somme toute, on estime, d'après la doctrine actuelle, que ces réquisitions ou contributions militaires auront remplacé les anciennes formes de capture.

Les réquisitions peuvent s'opérer de trois façons. Premièrement, on peut exiger de la population des fournitures que l'on se dispense de payer; secondement, on peut exiger encore des fournitures, mais à un taux modéré et sans tenir compte de l'élévation de prix qu'amène la présence des troupes; troisièmement, on peut exiger aussi des fournitures, mais en payant le prix demandé. L'adoption de l'un de ces trois régimes demeure à la discrétion du général. Wellington désapprouvait les réquisitions obligatoires toutes les fois qu'on les peut éviter; et, dès qu'il entra sur le territoire français, il renvoya les contingents espagnols, afin de n'être pas contraint d'y recourir pour défrayer ses troupes. Les Allemands ainsi que les Français exercent constamment ce droit; et, sans conteste, la règle stricte admise par l'usage est que la guerre doit se suffire à elle-même. Le principe s'applique également aux contributions monétaires levées sur une ville ou sur l'ensemble d'une communauté. Comme mode de transaction, c'est un genre d'impôt qui semble juste ; comme moyen de sustenter l'armée, il paraît légitime ; et, peut-être en de certains cas, devient-il plus équitable qu'une simple réquisition. Toute la question est de savoir s'il offre un réel avantage. On doit se souvenir, en général, qu'à la fin de la guerre franco-allemande les Français ont dû payer une énorme réquisition. La politique allemande se proposait indubitablement d'écraser la France jusqu'à la rendre incapable d'attaquer dorénavant ses voisins ; mais l'argent réquisitionné pour ce paiement s'obtint, au moyen d'emprunts, avec une surprenante facilité ; — et l'on peut se demander si le colossal accroissement qui s'en est suivi de la dette française, aujourd'hui la plus lourde du monde, a modifié sérieusement les sentiments du peuple français à l'égard de ceux qui l'ont envahi.

Ce chapitre des emprunts étrangers m'amène à traiter une question qui a, peut-être, excité plus de curiosité qu'aucun autre moyen d'appauvrir l'ennemi par capture, et qui même offre plus d'importance qu'on ne l'avait soupçonné tout d'abord. Un souverain a-t-il le droit de confisquer des dettes? Peut-il obliger ses sujets, ou une communauté quelconque sur laquelle il exerce une pression militaire, à lui verser le montant des dettes payables à l'ennemi, c'est-à-dire au souverain adverse ou à ses sujets? — La question a été l'objet de considérations profondes de la part de deux autorités éminentes, — la Cour suprême des Etats-Unis, et le fameux juriste américain, le chancelier Kent. La Cour suprême a décidé solennellement qu'en droit strict la faculté de confisquer les dettes existe encore comme une conséquence acquise, indéniable, de l'état de guerre, et que le Droit des gens la confirme. Mais, en même temps, la Cour admettait que l'usage universel interdit aujourd'hui de saisir et de confisquer les dettes ou les sommes inscrites au crédit d'un pays, — même du pays contre lequel s'ouvre une guerre. La Cour n'entendait pas que l'on confisquât une seule dette sans un acte formel du pouvoir législatif déclarant sa volonté expresse de condamner cette propriété. Après une étude complète des diverses autorités et de tous les arrêts relatifs à la matière, le chancelier Kent ajoutait : « Nous pouvons donc poser en principe du Droit public, tel que les plus hautes autorités judiciaires de ce pays le conçoivent et l'enseignent, qu'il demeure à la discrétion de la législature fédérale, — si tant est qu'elle veuille émettre à ce propos une loi particulière, — de confisquer les dettes de nos concitoyens payables à l'ennemi. Mais, » continue notre auteur, « ce droit est contraire à l'usage universel ; et, par conséquent, on peut bien le regarder comme un droit nominal et impolitique, condamné par la conscience éclairée et le jugement unanime des temps modernes (1). » — Dans les occasions récentes où ce droit s'est exercé, il n'est pas inutile d'observer qu'à la question de belligérance se mêlait une question d'allégeance. Par exemple, les créances privées furent confisquées au détriment des Etats sudistes par les Etats nordistes pendant la guerre de Sécession, et réciproquement par les Sudistes au détriment des Nordistes. C'est ainsi que le principe s'est quelquefois appliqué dans l'Inde, lorsqu'il s'agissait également d'un ennemi en état d'insurrection.

Mais il est un côté de cette question que l'on étudie particulièrement depuis plus d'un siècle, et qui offre une portée moins générale que le précédent. Il s'agit de savoir si une ville, un

(1) Kent, *Comm.* I, 64.

souverain, peut confisquer sa propre dette envers l'ennemi. — Tel est le problème soulevé par la fameuse affaire de l'emprunt de Silésie. Voici l'histoire. Des sujets de la Grande-Bretagne avaient avancé 80 000 livres sterling [2 000 000 de francs], sous forme de prêt à l'Empereur Charles VI, qui leur avait offert en gage le duché de Silésie. Or, il advint que la Silésie fut, par la suite des temps, annexée à la Prusse en vertu des traités de Breslau et de Dresde ; mais, en considération de sa cession, la Prusse devait prendre la dette à sa charge. Néanmoins, le roi de Prusse mit arrêt au paiement, c'est-à-dire retint dans ses mains le montant de la dette, par manière de représailles, encore que ceci lui fût interdit aux termes mêmes du traité. Il prétendait avoir subi quelques préjudices, de par la décision de certains tribunaux de prises, en Angleterre, à propos de navires appartenant à ses propres sujets. Bref, il refusa de payer aux citoyens anglais l'intérêt qu'il s'était engagé spontanément à leur verser. Le secrétaire d'Etat britannique lui adressa sur-le-champ, — car la Prusse était en ce temps-là une puissance amie, — une lettre datée du 8 février 1753, où il insistait sur l'étrangeté sans exemple du procédé, et déclarait qu'il avait ordre d'envoyer au Roi de

Prusse un rapport présenté à Sa Majesté d'Angleterre par Sir Georges Lee, juge de la Cour prérogative (1) ; le Docteur Paul, avocat général de Sa Majesté ; Sir Dudley Ryder ; et M. Murray, — celui qui devint plus tard Lord Mansfield. Le rapport en question est de ceux dont les jurisconsultes anglais, ainsi que le Foreign-Office d'Angleterre, se sont toujours montrés excessivement fiers. Il a reçu les éloges des deux grandes autorités de l'époque à l'étranger, — Vattel et Montesquieu. Tous deux le citent comme admirable ; et, de fait, c'est un excellent spécimen du genre de raisonnement que comporte le Droit international. Le Roi de Prusse finit par céder à son argumentation, si bien que, désormais, l'intérêt de l'emprunt de Silésie fut toujours réglé ponctuellement. Le problème que je veux signaler ne ressort pas strictement des faits, comme l'observe M. Hall dans son livre. Mais l'opinion de nos fonctionnaires judiciaires embrasse nombre de questions, outre la principale qui leur était soumise, — entre autres, la question pratique de savoir si un souverain

(1) [Cour d'évocation archiépiscopale pour le jugement des affaires testamentaires qui créeraient des conflits de juridiction entre les tribunaux diocésains.]

peut confisquer les dettes dont il est redevable : et ils se prononcent pour la négative. On a régulièrement soutenu, depuis lors, qu'un souverain ne saurait jamais, le cas échéant, refuser de payer l'intérêt d'un emprunt qu'il a contracté, sous prétexte que les destinataires de cet intérêt seraient pour le moment ses ennemis. Le danger qu'introduisait ici la thèse prussienne était assez grave. Peut-être ne remarquons-nous pas toujours à quel point les intérêts économiques et financiers de l'Angleterre tiennent à l'inviolabilité des contrats étrangers. Depuis l'heure où notre pays commença de s'enrichir jusqu'à ce qu'il devînt le plus opulent de l'Europe, on y a constamment éprouvé des embarras sérieux à trouver des placements pour les économies du public. Au temps des Stuarts, l'excédent des capitaux qui ne se dépensaient pas en acquisitions territoriales ou qui n'étaient pas embarqués directement soit dans le commerce, soit dans l'industrie, — l'un et l'autre alors dans l'enfance, — se prêtait sur garantie personnelle ou foncière. La littérature dramatique du XVIIe siècle fourmille d'allusions que l'on pourrait ici produire à titre de preuves. Ce fut la rareté des placements disponibles qui aboutit à la lutte violente des deux Compagnies créées d'abord en vue du commerce de l'Inde, et qui se fondirent ensuite dans la grande Compagnie des Indes orientales, — puis, à l'ardente concurrence qui éclata pour la fondation de la Banque d'Angleterre. D'autre part, cette disette de fonds publics éveilla l'enthousiasme pour des entreprises purement spéculatives, ou, comme on disait alors, pour des « bulles de savon, » telles que la Compagnie du Darien ou celle des mers du Sud. Pendant le XVIIIe siècle, les Anglais placèrent leurs économies en emprunts étrangers, partout où il s'en rencontrait, ainsi que le montre le cas de l'emprunt de Silésie. Et, probablement, une bonne partie des capitaux britanniques s'aventurèrent jusque dans les emprunts continuels du Roi de France, qui n'en a pas moins été, tout du long, un débiteur fort inexact. Pourtant, le terrain que l'on convoitait surtout à cette époque, était celui des Colonies progressivement acquises sous les tropiques, dans les Indes occidentales et dans les parties les plus méridionales de l'Amérique du Nord. Vers la fin du XVIIIe siècle et au commencement du siècle présent, la dette nationale en Angleterre atteignit des proportions telles qu'elle absorba tous les autres fonds de placements. Mais, aussitôt la clôture de la grande guerre, les prêts en faveur des Etats étrangers redevinrent plus fréquents et attirèrent une bonne partie de la richesse publique. Dans les premiers temps, ils eurent à courir beaucoup de risques. Les divers Etats de l'Amérique empruntaient largement, pour répudier non moins largement leur dette, sous des prétextes que déguisaient plus ou moins des subtilités légales. Or, si l'on avait toléré qu'un souverain se débarrassât de ses dettes en déclarant la guerre au pays où il comptait le plus de créanciers, le risque serait devenu si manifeste qu'on n'aurait probablement jamais ou presque jamais pu négocier d'emprunts étrangers, et que l'histoire économique de l'Angleterre ou de l'Europe aurait été toute différente. La manière dont se répartit l'excédent du capital chez les Etats les plus riches, — excédent auquel le monde civilisé paraît redevable de tant de progrès, — doit son existence à ce rapport des fonctionnaires judiciaires anglais sur l'affaire justement célèbre de l'emprunt de Silésie.

XII

DES CHANCES D'ABOLIR LA GUERRE.

Il convient, je crois, d'employer cette dernière leçon de notre cours à rappeler brièvement les quelques affirmations ou propositions, qui reviennent assez fréquemment de nos jours, sur la possibilité de supprimer les effroyables maux de la guerre, en adoptant des règles d'action plus ou moins différentes de celles que nous avons étudiées dans les leçons précédentes. Je passe sur les assertions générales qui sont, à mon sens, de pures calomnies, telles que l'accusation portée contre les militaires influents de s'efforcer, en tout pays, d'attiser l'humeur belliqueuse. Quiconque a eu l'heureuse fortune de fréquenter les soldats célèbres sera de mon avis, si je déclare qu'il n'est pas de classe au monde plus humaine, ou qui se distingue par une antipathie, une haine, plus profonde de la guerre, — encore qu'ils tiennent la guerre pour inévitable.

Mais une autre affirmation revient souvent aussi, qui mérite beaucoup plus de respect et renferme une dose plus forte de vérité. La guerre, nous dit-on, n'est pas compatible avec les croyances et la pratique du Christianisme. Si les hommes voulaient se conformer à l'idéal de conduite que la plupart d'entre eux professent en théorie, on ne verrait que peu ou point de guerres. Telle est, depuis longtemps, la doctrine d'une secte, dont j'ai rappelé avec un sentiment de reconnaissance les nombreux services à l'humanité, — les Quakers. Telle est encore la doctrine d'une communauté moins répandue, — les Mennonites. Il est, ce me semble, évident pour qui réfléchit tant soit peu, que l'on éprouverait de grandes difficultés à vouloir adapter aux relations des groupes ou des Etats un régime qui ne vise à gouverner que les rapports individuels ; et, dans l'ordinaire de la vie, les Quakers ne se sont pas toujours conformés à l'application de leur principe. Pendant la guerre d'indépendance américaine, les colons quakers de la Pensylvanie embrassèrent chaleureusement le parti colonial. Benjamin Franklin nous a même laissé quelques souvenirs curieux sur les fictions auxquelles avaient recours les Quakers « pensylvains » pour concilier leurs objections de conscience avec leur ardent désir d'assister les troupes insurgentes. Pourtant il est juste d'observer que cette croyance à l'illégitimité de la guerre parut plus d'une fois, dans le cours de l'histoire ecclésiastique, sur le point de devenir l'opinion générale de l'Eglise chrétienne, ou d'une partie notable de cette Eglise. Nous avons, presque tous, appris à croire, sur la foi d'un passage fameux de Tertullien, que les soldats chrétiens remplissaient les armées de la Rome impériale; mais ce passage ne concorde guère avec d'autres citations du même auteur. J'ai vu d'ailleurs une longue chaîne d'extraits empruntés aux autorités patristiques, et qui s'étend de Justin Martyr à saint Jérôme et saint Cyrille, où l'on maintient l'incompatibilité de l'état militaire avec la doctrine chrétienne. Au fond, c'était un des grands points de controverse entre Chrétiens et Païens. A l'accusation de Celse, que les Chrétiens refusaient de porter les armes, même en cas de nécessité, Origène répondait que la chose était vraie, mais avec cette circonstance importante que le refus des Chrétiens d'entrer en campagne avec l'Empereur, se justifiait assez du moment qu'ils mettaient leurs prières au service du prince. Si ces opinions ne sont pas devenues celles de l'Eglise entière, il en faut probablement chercher la raison dans le cours des événements historiques ; car les tribus teutonnes qui envahirent l'Empire ne pouvaient désapprendre l'art ni le métier de la lutte, même en acceptant sous une forme quelconque le Christianisme.

Si nous franchissons un long espace de temps pour arriver à l'histoire moderne de la Chrétienté, l'illégitimité de la guerre aurait fort bien pu devenir, sans trop d'invraisemblance, la doctrine unanime des sectes protestantes. Parmi les théologiens qui n'ont pas encore tout à fait rompu avec le Catholicisme, le grand Erasme se prononce aussi énergiquement qu'un Quaker de nos jours, contre la scélératesse de la guerre ; et sir Thomas More accuse Luther, ainsi que ses adhérents, de vouloir dépouiller les souverains de leur autorité naturelle en leur refusant les moyens de résistance. Cependant les auteurs dont nous avons parlé dans les leçons précédentes, les fondateurs du Droit international, n'ont pas adopté la croyance à l'illégitimité de la guerre, bien qu'ils fussent presque tous protestants. Grotius l'attaque avec véhémence, par des arguments empruntés surtout aux saintes Ecritures. Mais j'estime qu'en somme, lui et ses disciples immédiats regardaient le corps de règles qu'ils s'imaginaient avoir sauvé de l'oubli, comme plus apte à gouverner les intérêts mutuels des peuples en temps de guerre et de paix, que n'importe quel autre système se targuant de remonter en ligne droite aux Actes chrétiens et à la tradition chrétienne. Le Droit de nature dont ils parlaient, — auquel d'ailleurs ils croyaient apparemment sans plus hésiter que s'il s'était agi pour eux de la Coutume d'Angleterre, — n'a pas résisté aux attaques de la critique moderne, et surtout aux inductions que suggère l'étude toute récente de l'humanité primitive. Mais il aura servi, du moins, à montrer que nous pouvons appliquer aux sociétés humaines, en temps de paix ou de guerre, les règles dont on lui associait l'idée; tandis que, la croyance constante à l'injustice de la guerre devant assurément produire des effets importants, nul ne peut dire avec certitude ce qu'ils eussent été, et nul ne peut affirmer surtout qu'ils eussent amené le règne général ou la stabilité définitive de la paix.

Une autre déclaration tranchante — mais d'un ordre tout différent — pour l'abolition virtuelle de la guerre, n'a pu manquer de venir à la connaissance de la plupart d'entre vous. On prétend qu'il existe toujours une alternative contre l'appel aux armes. Les nations se battent parce qu'elles ne peuvent aller en justice. La vieille conviction que les différends entre Etats se trouvent soumis par la guerre à un arbitrage surnaturel, semble désormais abandonnée. Mais s'il n'est pas de tribunal international qui, de droit, puisse connaître des discussions entre les peuples, on peut lui désigner un remplaçant dans l'arbitrage international. Que chaque litige soit donc soumis à un arbitre ou à une réunion d'arbitres; et que les communautés civilisées s'inclinent devant la décision, sans plus protester qu'elles ne le font en se soumettant aux arrêts d'une cour de justice. La foi dans l'efficacité de ce remède contre la guerre se répand de plus en plus aujourd'hui. Des esprits dignes de tout notre respect la partagent. Des associations puissantes, encore que volontaires, s'efforcent à l'encourager. Je devrais être le dernier à contester que l'arbitrage en matière internationale ait été l'objet d'applications très heureuses. Fort souvent, en effet, les peuples, comme les individus, persistent dans leurs vues sur une question douteuse, bien plus par amour-propre d'opinion que par intérêt véritable. Quelques-uns de ces dissentiments reposent d'ailleurs sur des points de fait que l'on n'a pu trancher faute de les avoir soumis à une enquête suffisante, mais dont il est facile de se débarrasser lorsqu'on les approche de sang-froid et sans aucune prévention.

Mais, avant que l'Angleterre, ou tout autre pays, s'abandonne à l'arbitrage comme à un remède universel contre la guerre, il convient d'en souligner un ou deux défauts. — En premier lieu, quoique l'arbitrage, dans les affaires individuelles, soit d'une utilité reconnue et d'un emploi fréquent, il diffère totalement de l'arbitrage que proposent ceux qui l'invoquent pour les procès internationaux. L'arbitrage avec lequel tous nos gens de loi sont familiers n'est qu'un déplacement dans l'économie ordinaire d'une cour de justice. Les plaideurs s'accordent à soumettre tout ou partie de l'affaire en litige à la décision d'un arbitre qui siégera à la place du juge, ou du juge assisté d'un jury. Et tous deux conviennent, en même temps, que les tribunaux appuieront sa décision comme une de leurs injonctions propres, à moins qu'elle ne soit attaquable à de certains égards juridiques. C'est une procédure très avantageuse lorsque les questions de fait à trancher sont nombreuses ou complexes; et la principale objection contre elle serait qu'elle peut devenir très dispendieuse. Ce que je veux noter ici, c'est que l'arbitrage, auquel on se réfère en Angleterre pour les individus, n'exclut pas le grand trait caractéristique d'une cour de justice, la force latente qui se dissimule derrière ses opérations. On voit, sans doute, des arbitrages qui approchent davantage le type admiré par les enthousiastes de l'arbitrage universel entre souverains hostiles. — Tel homme d'affaires expérimenté dans une grande ville commerciale d'Angleterre, tel spécialiste éminent dans les applications pratiques de la science, obtiendra parfois une sorte de célébrité à cause de ses décisions équitables et judicieuses; et pas ne sera besoin d'invoquer rien qui ressemble à la procédure d'un tribunal pour assurer l'obéissance des plaignants à son arrêt. Pourtant, il y a bien des siècles qu'on n'a vu attribuer une autorité de ce genre à un seul homme, ou à une seule classe d'hommes, en matière internationale. Le courant de l'opinion va clairement de nos jours contre l'hypothèse que des connaissances exceptionnelles soient nécessaires pour résoudre les grandes questions internationales ou politiques; et, par conséquent, l'arbitrage, dont on nous parle tant, finirait à la longue, si on l'essayait sur une vaste échelle, par trahir les insuffisances que manifesterait bientôt une cour judiciaire, pour peu que l'Etat négligeât de l'investir d'un pouvoir de coercition irrésistible.

Le manque de force coercitive est, au fond, la grande lacune qui accompagne toutes les tentatives pour améliorer le Droit international au moyen d'expédients empruntés à l'économie interne des Etats, — pour le perfectionner à l'aide d'une sorte de législation, ou d'une sorte d'administration du Droit par des tribunaux organisés. Cependant, quiconque suit avec intelligence le cours des événements, conviendra que le succès a répondu, dans une certaine mesure, aux efforts de l'arbitrage international; et nous avons d'excellentes raisons de lui souhaiter une sphère d'action plus étendue. Mais, dans l'état actuel, son emploi comporte quelques inconvénients pratiques sur lesquels on peut insister, parce qu'il ne semble pas impossible d'y porter remède.

Les gens de loi qui exercent en Angleterre savent qu'il est une classe de plaignants impopulaires, pour ainsi dire, aux yeux des tribunaux anglais; de sorte que l'on éprouve des difficultés considérables à leur faire rendre pleine justice. Entre autres, se rencontrent, par exemple, les compagnies d'assurances, et, jusqu'à un certain point, les compagnies de chemins de fer. De même, il se trouve des Etats qui portent leurs démêlés devant les arbitres internationaux et qui sont, au même sens, des plaideurs impopulaires; et, s'il était possible de se livrer à des recherches sur la question, je ne serais pas surpris de constater que, de l'aveu des diplomates ou des politiques chargés de ses affaires étrangères, l'Angleterre n'est pas une plaideuse sympathique aux arbitres. La vérité est que l'Angleterre passe pour très riche, pour capable de supporter une amende pécuniaire beaucoup mieux que tout autre pays. On la regarde comme relativement insoucieuse de sa politique extérieure, et comme d'une susceptibilité médiocre à l'égard d'une censure judiciaire. Enfin, l'impression générale est qu'elle gouverne ses relations internationales de manière à esquiver sa part légitime des anxiétés et des souffrances qui retombent sur les autres Etats par suite de guerres, d'appréhension de guerres, ou de préparatifs de guerres.

En outre, on ne saurait nier, je pense, que la composition des cours d'arbitrage international (si, pour le moment, je puis les appeler ainsi) n'est pas des plus satisfaisantes. Un de de leurs éléments indispensables doit être la présence d'une ou plusieurs personnes appartenant à la catégorie de gens de loi, que l'on appelle communément des « juristes. » Mais ce mot a complètement changé de signification. Encore à la fin du dernier siècle, il existait, sous ce titre, une classe de légistes qui avaient fait une étude approfondie du Droit international, et dont l'opinion collective gardait une influence sérieuse sur le développement du système. Mais, en Angleterre, les tribunaux ecclésiastiques et maritimes ayant subi toute une transformation, la classe des jurisconsultes spécialement versés dans le Droit romain, qui pratiquaient devant ces tribunaux, a disparu ou semble sur le point de disparaître. Nul ne peut dire positivement aujourd'hui ce que c'est qu'un juriste. Le mot s'emploie dans un grand nombre de sens nouveaux. De fait, la plupart des écrivains étrangers qui ont acquis de la notoriété en Droit international appartiennent, comme fonctionnaires salariés, aux chancelleries étrangères; aussi ne saurait-on lire les traités les plus récents sur la matière, sans s'apercevoir qu'ils sont, en général, très affectés par les liens officiels de l'auteur avec son propre gouvernement, et par sa conscience de l'intérêt que peut avoir, d'après lui, ce gouvernement à établir, soutenir, développer, tel ou tel trait particulier du régime international.

A ce dernier inconvénient, au point de vue de l'utilité des quasi-cours d'arbitrage international, — savoir que, de nos jours, elles ne sont pas constituées d'une façon normale et satisfaisante, — se rattache étroitement un défaut général qui les caractérise aujourd'hui : elles n'exercent point de juridiction continue, elles sont toujours convoquées pour l'occasion. Nous sommes dans une incertitude absolue, dès que nous voulons savoir quel poids nous devons attacher comme précédent à la décision d'un arbitrage international. La manière dont le Droit des gens progresse, en l'absence d'une législature régulière, est un sujet très important que je n'ai pu traiter avec l'ampleur convenable dans cette première série de leçons, et que j'espère un jour pouvoir aborder plus au long. Toutefois, il n'est pas douteux qu'une décision quasi-judiciaire, rendue dans une circonstance sérieuse, et qui reçoit l'acquiescement de nations puissantes, parties au procès, affecte le Droit profondément et d'une façon permanente pour l'avenir. Mais les quasi-cours d'arbitres, constituées *ad hoc*, ne peuvent naturellement s'occuper que de la question immédiatement en litige, et ne pèsent point l'opinion qu'elles expriment en vue de son titre à devenir un précédent. Elles n'embrassent du regard, ni dans le passé ni dans l'avenir, l'histoire entière du Droit des gens. Cette conséquence vicieuse de leur structure apparaît surtout manifeste et dangereuse dans le plus grand arbitrage peut-être qu'on ait jamais vu, — celui qui a tranché le différend de la Grande-Bretagne avec les Etats-Unis, au sujet de la responsabilité pour les déprédations des croiseurs confédérés sur la marine marchande nord-américaine. Je n'ai rien à dire contre la valeur de l'arbitrage de Genève, quant à l'occasion particulière qui lui a donné naissance. Il a mis fin à nombre de polémiques acrimonieuses qui s'étaient accumulées durant la guerre de Sécession, et dont l'antagonisme aurait pu continuer de couver ainsi pendant des années consécutives pour le plus danger de l'univers civilisé. Mais l'utilité de la décision de Genève, dans ses effets sur le Droit international, me semble beaucoup plus douteuse. — Dès le début, on voit les plaideurs se demander si les arbitres doivent accorder considération à tel principe que l'une des parties refuse d'admettre en Droit international. La Grande-Bretagne proteste contre ce principe; et, néanmoins, elle laisse l'arbitrage suivre son cours. Nous pouvons cependant tenir pour certain que, s'il s'élève quelque jour une discussion du même genre, celle des puissances qui trouvera intérêt à maintenir le même principe ne manquera pas de l'invoquer. Et, dans tous les cas, une source d'incertitudes graves est désormais introduite dans le Droit international.

Mais la décision de Genève, si on l'étudie comme précédent international, prête à des objections bien plus sérieuses. Comme chacun sait, la Grande-Bretagne demeura neutre pendant la guerre fédérale, et les arbitres la condamnèrent à payer d'énormes dommages-intérêts, pour la punir de ses infractions à ses devoirs de neutre. On l'a châtiée pour un certain nombre de commissions ou d'omissions, dont chacune était innocente en elle-même. On a traité ces négligences d'après un idéal de diligence qui, pour être nouveau, n'en était pas moins des plus rigides. Et, d'une façon générale, on l'a jugée d'après des préceptes de neutralité qui, s'ils venaient réellement à se greffer sur le Droit des gens, en déprécieraient considérablement la valeur. Or, s'il est une chose qu'une vraie cour de justice internationale doive, avant tout, se montrer désireuse de garder en vue dans ses décisions, c'est assurément l'effet qu'elles doivent produire un jour sur les droits des neutres. Rien ne tend à élargir l'aire des guerres maritimes comme le mépris de ces droits. Rien ne tend à rendre la guerre intolérable et oppressive comme une règle qui permet d'empiéter, au delà du strict nécessaire, sur le principe que les Etats neutres sont simplement des Etats qui se gardent d'une calamité tombée sur d'autres, et qui souhaitent uniquement continuer à leur guise leurs propres affaires. A ce point de vue, le résultat de l'arbitrage de Genève n'est pas heureux; il fait remonter *pro tanto* le courant de l'opinion juridique sur les droits des neutres, qui, depuis nombre d'années, suivait une autre direction. L'arbitrage de Genève, je le répète, a été, sur l'heure, d'un immense avantage pour la Grande-Bretagne et les Etats-Unis. Mais, envisagé comme un précédent susceptible d'exercer une influence marquée sur l'ensemble du Droit des gens, je crains qu'il paraisse non moins dangereux que réactionnaire et rétrograde.

J'ai insisté sur cet aspect de l'arbitrage de

Genève parce qu'il met sous un jour frappant, à mon sens, les désavantages qui accompagnent ces expédients pour trancher les discussions internationales, si on ne les veut mettre invariablement en jeu que pour la circonstance. Une cour véritable de quasi-justice, tout comme une cour de justice municipale, ne manquerait pas de considérer l'effet d'une décision donnée sur la branche entière du Droit qu'elle administre. L'inconvénient, toutefois, ne me paraît pas de ceux auxquels il soit impossible de remédier. Quantités d'innovations proposées pour guérir des infirmités palpables, dans l'application de notre jurisprudence internationale aux événements casuels, semblent, il est vrai, avoir peu de chance d'adoption, — du moins dans une société de peuples comme celle où nous vivons, — à cause de la grandeur des sacrifices qu'elles imposeraient à chaque communauté particulière. Mais aucun sacrifice appréciable ne s'imposerait aux souverains individuels ou corporatifs du monde civilisé, s'ils s'entendaient pour organiser une Cour — commission ou réunion — unique et permanente d'arbitres, auxquels on déférerait toutes les questions qu'une ou plusieurs communautés voudraient leur soumettre. Une telle Cour ne serait point indemne de la grande infirmité qui afflige toutes les additions de ce genre au système international. Elle n'aurait aucune force derrière elle. Mais sa constitution serait, je crois, bien meilleure. J'estime qu'elle deviendrait plus libre de préjugés ; que, bientôt, on lui reconnaîtrait plus d'indépendance qu'aux arbitres actuels d'occasion. Et je pense que l'on pourrait mieux s'en rapporter à sa sagesse, quand il s'agirait de faire cadrer sa décision avec tout l'ensemble des principes, des distinctions et des usages internationaux. Le tribunal que je viens de dépeindre, quel que soit son nom de « cour, » « bureau », ou « commission » d'arbitres, par cela seul qu'il jouirait d'une certaine dose de permanence, posséderait tous les avantages que j'ai énumérés : — il pourrait être mieux constitué, en vue de son objet, que ne le sont les corps aujourd'hui chargés de mener à terme les arbitrages ; ses décisions pourraient être mieux pondérées en prévision de leur effet sur la totalité du Droit des gens ; et l'on pourrait l'employer plus librement, en sa qualité propre, à trancher des questions captieuses qu'on abandonne maintenant au hasard, faute d'une autorité à laquelle on puisse se référer pour leur considération. Mais ce ne serait pas encore une vraie cour de justice. Elle partagerait la caractéristique qui est aux yeux des modernes la faiblesse de tout le Droit international, l'impossibilité d'avoir à ses ordres l'appui de la force. Ses règles manqueraient de sanction. Elle ne saurait punir leur infraction, non plus que la violation d'aucun devoir international. Il est vrai qu'un défi au Droit des gens attire quelquefois sur la tête du coupable une sanction très réelle quoique indirecte. Il n'est guère de souverain ou d'Etat qui demeure insensible à la désapprobation que provoque une violation ouverte des obligations internationales, — désapprobation qui se répand aujourd'hui rapidement par tout le monde civilisé, grâce au télégraphe et à la presse.

Rien ne pourrait être plus satisfaisant à cet égard que l'explosion d'indignation qui éclata, en 1870, lorsque le Gouvernement russe prit avantage des difficultés où se trouvait l'Europe, par suite de la guerre entre la France et l'Allemagne, pour rejeter les restrictions imposées par le traité de Paris à l'action maritime de la Russie dans la mer Noire, — restrictions qui n'étaient pas toutes, on doit l'avouer, des plus raisonnables. Le Gouvernement russe dut abandonner sa position; et, lors d'une Conférence des puissances représentantes qui avaient été signataires du traité de Paris, il fut déclaré « principe essentiel du Droit des gens, » qu'aucune puissance « ne peut se délier des engagements d'un traité ni en modifier les stipulations, qu'à la suite de l'assentiment des puissances contractantes, au moyen d'une entente cordiale (1). » Il est vrai que cette affirmation de la perpétuité virtuelle des traités (à laquelle il faudrait ajouter une exception, celle de rupture pour cause de guerre) renferme un principe qui n'est pas, à son tour, sans danger. Mais le principe reçu n'en est pas moins celui qui fut posé à la Conférence. La vérité est que quiconque offense aujourd'hui les obligations du Droit international, se trouve gravement affaibli par la désapprobation qu'il encourt. Nul ne le savait mieux que Napoléon Bonaparte, le souverain le plus perfide peut-être de l'histoire moderne après Frédéric-le-Grand, lorsque avec tant d'obstination il s'efforçait, par le canal de ses scribes officiels, d'attacher à l'Angleterre le surnom de « perfide Albion. »

Mais, en dépit de toutes les concessions et réserves, l'absence de cette force auxiliaire qui

(1) [Conférence de Londres, 17 janvier 1871. — Cf. Martens, t. XVIII, p. 278.]

se trouve à la disposition de toutes les lois municipales, comme de tous les tribunaux municipaux, devient pour le Droit international un désavantage lamentable. De là naissent, pour ce régime, des infirmités de tout genre. Son efficacité et son amélioration sont également entravées; et lorsque, en dernier ressort, deux ou plusieurs puissances discordantes se sont montées à ce degré de passion furieuse où l'on prend la détermination de se battre, le reste du monde civilisé, encore que convaincu de l'inutilité de la lutte et persuadé qu'elle s'étendra par contagion, n'a, dans l'état actuel des relations internationales, aucun moyen d'interdire ou de punir l'attaque à main armée d'un Etat par l'autre. Le public dont l'opinion compte, peut en grande majorité condamner la guerre imminente; mais il n'existe point de représentant du Droit des gens pour intervenir au milieu des combattants qui se précipitent tête baissée dans la lutte. La quantité de force à la disposition de ce que l'on appelle la République des Peuples est au total immense, et serait en pratique irrésistible. Pourtant, mal distribuée et médiocrement dirigée, elle est trop souvent impuissante, non seulement pour appuyer le bien, mais pour prévenir un mal avéré.

Il y a six mois environ, durant les séances d'une Association formée pour la codification du Droit des gens, — ce que je regarde, soit dit entre parenthèses, comme une entreprise excellente, — la question fut l'objet d'une attention très vive, quoique momentanée. Un éminent économiste français, M. de Molinari, publia une proposition en faveur de ce qu'il appelait la Ligue des Puissances neutres. La majorité des Etats civilisés demeure toujours neutre, bien que les neutres ne soient pas toujours les mêmes. Si les neutres s'allient, ils deviendront irrésistibles, soit par l'union de leurs propres forces, soit parce qu'il dépendra d'eux de rendre irrésistible l'une des puissances belligérantes en se rangeant de son côté. M. de Molinari prétendait que l'un des devoirs de la neutralité était de couper court à l'esprit de belligérance; de poser en règle générale que l'ouverture des hostilités entre deux puissances serait un *casus belli* pour le reste; et d'introduire cet arrangement dans les stipulations d'un traité. Il est impossible de nier que, si cette combinaison des puissances neutres pouvait s'effectuer dans les conditions voulues, ce serait une sauvegarde éminemment topique contre la guerre; et cela seul justifie amplement sa proposition. Mais les objections qu'elle soulève sont évidentes et furent aussitôt mises en avant. Si le plan pouvait être exécuté, il diminuerait les chances de conflit ; mais il suppose admis que le mécanisme de la guerre ne subira aucune altération. Si les neutres veulent se tenir à la hauteur de leurs nouveaux devoirs, il leur faut entretenir de grandes armées et des flottes nombreuses sur l'échelle récemment adoptée, sous peine de se trouver incapables de faire tête à l'occurrence prévue. Ainsi, bien que les risques de guerre fussent diminués, les charges de la guerre resteraient, au mieux aller, immuables. On verrait se continuer les énormes dépenses improductives, persister le même déplacement ruineux de l'industrie. D'ailleurs, l'exécution du plan pourrait, en réalité, produire tel effet qui en ruinât tel autre. Il n'est pas absolument exact, dans les affaires civiles, que l'homme fortement armé vive en paix dans sa maison. Par cela seul qu'il porte une armure de pied en cap, il devient parfois d'humeur querelleuse et ne laisse pas que d'éprouver la tentation d'attaquer ses voisins.

Le projet de M. de Molinari ne put obtenir l'attention ou exciter l'intérêt qui était nécessaire à sa considération sérieuse, parce qu'il était trop vaste et trop ambitieux. Il se fondait néanmoins, ce me semble, sur un principe juste, savoir que, si la guerre doit jamais être arrêtée, elle ne le sera que par des sacrifices de la part des Etats qui ne sont point en guerre et ne se soucient point d'y entrer. On trouve un exemple très ancien de cette manière d'entraver et de prévenir son extension. Immédiatement avant l'aube de l'histoire grecque, nous entrevoyons vaguement diverses combinaisons de tribus, — auxquelles on ne saurait encore donner le nom d'Etats, — dans le but de prévenir la guerre entre elles et de résister aux attaques du dehors. De ces *amphiktiones*, de ces alliances entre communautés voisines, agglomérées autour d'un temple comme autour d'un sanctuaire, une seule, établie sur un pied respectable, a pu survivre jusqu'aux temps historiques, à l'état évident de déclin, et dès lors susceptible de devenir un instrument d'agression aux mains d'une puissance militaire, mais, alors même, encore entourée cependant d'une grande vénération. Jetons maintenant les yeux autour de nous, sur le monde d'aujourd'hui : et essayons de voir si nous pourrions rencontrer quelque part un spécimen d'amphiktionie, une combinaison heureuse de puissances avoisinantes, dans le but de prévenir les guerres.

Je crois que, depuis dix ans ou environ, nous sommes témoins d'une curieuse alliance de ce genre, formée dans un but analogue. Je veux parler de l'alliance des trois souverains de l'Europe orientale, que l'on appelle quelquefois « l'Alliance des trois Empereurs, » et que, cependant, ces princes mêmes n'admettent que comme une forme d'entente personnelle. Cette alliance ou entente, si nous en pouvons juger par les journaux, n'est pas très populaire dans l'Europe occidentale. Peut-être sommes-nous aussi injustes à son égard, et pour le même motif, que nous l'étions, quand nous étudiions l'histoire, à l'égard de vastes agrégations territoriales, comme l'Empire médo-perse sous le Grand Roi. La liberté politique et le mouvement que nous appelons « progrès » ne fleurissent guère dans ces énormes souverainetés territoriales, peut-être à cause de certaines exigences de la nature humaine ; et c'est pourquoi nous les comparons défavorablement avec la République athénienne, mère de l'art, de la science, de la liberté politique, — ou, si l'on veut, avec les sociétés modernes auxquelles nous appartenons éminemment nous-mêmes. Il n'existe pas beaucoup de « constitutionalisme, » au sens où nous prenons ce mot, en Allemagne ni en Austro-Hongrie ; il n'en existe pas du tout en Russie; et nous sommes par là conduits à oublier les services que ces Empires rendent à l'humanité en maintenant la paix, en prévenant l'effusion du sang.

J'imagine qu'entre les nombreux motifs de guerre dont nous connaissons aujourd'hui l'existence, on n'en avait jamais vu se combiner autant que dans l'Europe orientale, durant les dix dernières années. Les antécédents des trois Empereurs étaient tels qu'ils pouvaient menacer d'une explosion d'hostilités à tout instant. L'Allemagne avait poursuivi une guerre heureuse contre l'Autriche; puis également infligé de terribles revers à la France qui, la veille encore, était la plus grande puissance militaire de l'Europe. La Russie, en 1877-78, venait de se trouver en guerre avec l'Empire turc, lequel, malgré son extrême décrépitude, exerçait une souveraineté nominale sur presque tout le reste de l'Europe orientale, en dehors des territoires des souverains alliés. Chez les petites communautés qui forment autant de fragments de cet Empire en décomposition, les sources récentes de conflit étaient en activité perpétuelle. L'esprit d'ambition, l'esprit d'antagonisme religieux, l'esprit de race ou de nationalité, quel que soit le nom qu'on lui donne, s'était déchaîné. Pourtant, malgré cette situation menaçante, l' « amphiktionie » des trois Empereurs a sauvegardé la paix. Nous ignorons les termes exacts de leur entente. Nous ne savons pas davantage quand elle a pris naissance. D'après certains indices, il en existait déjà quelque chose avant le traité de Berlin en 1878 ; et, bien qu'elle ait dû surmonter nombre de difficultés, — dont une, pour le moment, très dangereuse en Bulgarie, — on assure qu'elle continue de se maintenir. Nous ne pouvons garder le moindre doute sur les clauses principales de cette entente. Les trois Empereurs ont dû s'accorder sur la nécessité de maintenir la paix entre eux, de résister aux sollicitations des puissances externes, et d'oublier beaucoup de souvenirs désagréables. Ils ont dû s'efforcer de renfermer les petites communautés querelleuses qui les entourent dans les limites que leur assigne le traité de Berlin. Ils n'ont pas absolument réussi de ce chef ; mais, vu les difficultés en jeu, le succès de leur alliance est déjà suffisamment remarquable.

Un pareil précédent est de ceux auxquels tous les esprits qui partagent l'espérance du fondateur de cette chaire doivent forcément accorder le plus grand poids. Il est prouvé qu'un nombre déterminé d'Etats, en isolant un nombre déterminé de questions et en s'engageant à faire de leur mieux, — même au besoin par la force, — pour empêcher ces questions d'allumer le feu de la belligérance, peuvent sauvegarder la paix jusque dans la partie du monde qui semblait la plus menacée d'une guerre imminente. Ce n'est pas une expérience bien triomphante; mais elle exige des sacrifices à la fois d'argent et de sentiment. Elle indique un moyen de supprimer la guerre qui est chose nouvelle pour notre temps, et qui, après avoir obtenu comme sanction la valeur d'un précédent vieux de dix ans, est en train d'obtenir une sanction du même genre. Car, à l'alliance des trois Empereurs, paraît sur le point de succéder une combinaison des Gouvernements allemand et austro-hongrois avec le Gouvernement italien. Si donc, pendant des périodes de dix années consécutives, on peut empêcher une ou plusieurs communautés portées à la guerre, de s'y lancer réellement, on aura fait un grand pas pour établir cette paix universelle et permanente qui jusqu'ici n'était qu'un rêve.

La guerre est un mal trop gigantesque et trop ancien pour qu'il y ait beaucoup de chances de le voir jamais céder à une panacée quelconque, et, moins encore, à une seule panacée. J'oserai même dire que les présomptions vont fortement à l'encontre de tout traitement systématique qui se vante d'y mettre une fin prompte et radicale. Mais, à l'exemple de ces conflagrations terribles auxquelles on l'a souvent comparée, on pourra peut-être l'éteindre par un isolement local. Il est au moins une circonstance où, lorsqu'elle était sur le point d'éclater dans un édifice éminemment inflammable, on sera parvenu d'avance à la maîtriser.

INDEX

A

B

C

D

E

F

G

H

I

J

K

L

M

N

O

P

Q

R

S

T

U

V

W

Y

Z

TABLE DES MATIÈRES

LE DROIT INTERNATIONAL.

TOULOUSE. — IMP. A. CHAUVIN ET FILS, RUE DES SALENQUES, 28.

ERNEST THORIN, ÉDITEUR

AHRENS (Henri), professeur de sciences politiques à Leipzig. — *Encyclopédie juridique*, ou exposition organique de la science du droit privé, public et international, sur les bases de l'éthique, traduit de l'allemand et précédé d'une notice biographique, d'un avant-propos et d'un Essai critique sur les doctrines philosophiques, sociales et religieuses de l'auteur, envisagées principalement dans leur rapport avec le dogme chrétien, par A. CHAUFFARD, président du tribunal civil de Lavaur. 2 beaux vol. in-8°. 20 »

APPLETON (C.), professeur à la Faculté des lettres de Lyon. — *Histoire de la propriété prétorienne et de l'action publicienne* (caractère *relatif* ou *temporaire* que peut revêtir la propriété prétorienne. Ses rapports avec l'*usucapion*. Influence de la *condition résolutoire* sur cette propriété. Revendication en droit français). Avec un *fac-similé* du n° 283 des fragments du Vatican. 2 beaux vol. grand in-8°. 18 »

LAIR (A.). — *Des hautes cours politiques en France et à l'étranger, et de la mise en accusation du président de la République et des ministres; Etude de droit constitutionnel et d'histoire politique.* 1 vol. grand in-8°. 10 »

CAGNAT (René), professeur au Collège de France. — *Cours d'épigraphie latine*, 2e édition entièrement refondue et accompagnée de planches et de figures. 1 vol. grand in-8°. 12 »

FAVÉ (le général), membre de l'Institut. — *L'Empire des Francs depuis son origine jusqu'à son démembrement.* 1 fort vol. gr. in-8° raisin (1889). 15 »

LACOUR-GAYET. — *Antonin le Pieux et son temps; Essai sur l'histoire de l'empire romain au milieu du deuxième siècle* (138-161). 1 fort vol. grand in-8° raisin. 12 »

LÉCRIVAIN (Ch.). — *Le sénat romain depuis Dioclétien, à Rome et à Constantinople.* 1 vol. in-8°. 6 »

POIRET (J.). — *Essai sur l'éloquence judiciaire à Rome pendant la République.* 1 vol. in-8°. 5 »

— *Horace; Etude psychologique et littéraire.* 1 vol. in-12. 3 50

STAHL. — *Histoire de la philosophie du droit*, traduit de l'allemand par Chauffard. 1 fort vol. in-8°. 12 »

BIBLIOTHÈQUE JURIDIQUE CONTEMPORAINE.

Tome I, II. *Traité des assurances maritimes, du délaissement et des avaries*, par Alf. DROZ, avocat à la Cour d'appel de Paris, lauréat de l'Institut de France. 2 vol. in-8°. 18 »

— III-IV. *Des courtiers* (courtiers d'assurances maritimes, courtiers interprètes, conducteurs de navires, courtiers assermentés au tribunal de commerce, courtiers libres, etc.), par M. Jules FABRE, avocat à la Cour d'appel de Paris. 2 vol. in-8° (1883). 16 »

— V. *Traité théorique et pratique du contrat d'assurance contre l'incendie*, d'après la doctrine et la jurisprudence, par M. H. de LALANDE, docteur en droit, avocat au Conseil d'Etat et à la Cour de cassation. — Avec la collaboration de M. Abel COUTURIER, ancien magistrat. 1 très fort vol. in-8° (1886). 10 »

— VI. *Législation et jurisprudence des chemins de fer et des tramways*, ouvrage contenant tous les textes usuels reproduits dans un ordre méthodique et commentés au moyen de la jurisprudence de l'administration et des tribunaux, par M. E. VIGOUROUX, avocat. 1 vol. in-8° (1886). 8 »

— VII. *Précis de droit international pénal et privé*, par M. Alphonse BARD. 1 vol. in-8°. 7 50

www.ingramcontent.com/pod-product-compliance
Ingram Content Group UK Ltd.
Pitfield, Milton Keynes, MK11 3LW, UK
UKHW020304230726
13925UKWH00001B/216